DESENVOLVIMENTO HUMANO, "INDÚSTRIAS CRIATIVAS", FAVELAS E "OS ESTATUTOS DO HOMEM"
(ODE AO AMOR, À VIDA E À LIBERDADE)

 **XXIV FÓRUM NACIONAL – 14 a 17 de maio/2012**

Tema básico:
RUMO AO BRASIL DESENVOLVIDO (EM DUAS, TRÊS DÉCADAS):
Estratégia de Desenvolvimento para Transformar Crise em Oportunidade, através de Três Propostas Básicas (Economia do Conhecimento, Mobilização pela Competitividade Nacional e Uso Universal do Mercado de Capitais), aproveitando Grandes Oportunidades. Brasil – "País de Classe Média"

PATROCINADORES

Grandes Beneméritos – Especiais

 PETROBRAS

  ODEBRECHT

   VALE

Grandes Beneméritos

  Eletrobras

   Bradesco SEBRAE CCR

      GERDAU

    OGX Statoil Icatu

Patrocinadores Especiais

BRASIF SIEMENS FIESP BR

INSTITUTO NACIONAL DE ALTOS ESTUDOS – INAE
Rua Sete de Setembro, 71 – 8º andar – Centro • 20050-005 – Rio de Janeiro/RJ
Telefone: (21) 2212-5200 – Fax: (21) 2212-5214 • www.forumnacional.org.br • e-mail: inae@inae.org.br

DESENVOLVIMENTO HUMANO, "INDÚSTRIAS CRIATIVAS", FAVELAS E "OS ESTATUTOS DO HOMEM"
(ODE AO AMOR, À VIDA E À LIBERDADE)

João Paulo dos Reis Velloso
Coordenador

Aloizio Mercadante
Marcio Pochmann
Claudio de Moura Castro
Fernando Veloso
Sérgio Mascarenhas
Renato Janine Ribeiro
Ana Flávia Machado
Anna de Hollanda
Aldo Rebelo
Geraldo Holanda Cavalcanti
Luiz Carlos Barreto e
Nelson Pereira dos Santos
Luiz Carlos Prestes Filho
Saumíneo da Silva Nascimento
Dom Orani João Tempesta, O. Cist.
Luiz Fernando de Souza Pezão
Eduarda La Roque
Ricardo Henriques
Marília Pastuk
Vicente Carlos Pereira Jr.
Alzira Amaral
Luiz Bezerra do Nascimento
Sidney Silva (Tartaruga)
Antônio (Xaolin) Ferreira de Mello
Diego Santos Francisco
Marcelo Radar
Luis Erlanger
Thomás Tosta de Sá
Thiago de Mello
Maria Celina D'Araujo
Ana Maria Gonçalves

Rio de Janeiro, 2012

© João Paulo dos Reis Velloso, Aloizio Mercadante, Marcio Pochmann, Claudio de Moura Castro, Fernando Veloso, Sérgio Mascarenhas, Renato Janine Ribeiro, Ana Flávia Machado, Anna de Hollanda, Aldo Rebelo, Geraldo Holanda Cavalcanti, Luiz Carlos Barreto, Nelson Pereira dos Santos, Luiz Carlos Prestes Filho, Saumíneo da Silva Nascimento, Dom Orani João Tempesta, Luiz Fernando de Souza Pezão, Eduarda La Roque, Ricardo Henriques, Marília Pastuk, Vicente Carlos Pereira Jr., Alzira Amaral, Luiz Bezerra do Nascimento, Sidney Silva (Tartaruga), Antônio (Xaolin) Ferreira de Mello, Diego Santos Francisco, Marcelo Radar, Luis Erlanger, Thomás Tosta de Sá, Thiago de Mello, Maria Celina D'Araujo, Ana Maria Gonçalves, 2012

Reservam-se os direitos desta edição à
EDITORA JOSÉ OLYMPIO LTDA.
Rua Argentina, 171 – 3º andar – São Cristóvão
20921-380 – Rio de Janeiro, RJ – República Federativa do Brasil
Tel.: (21) 2585-2060
Printed in Brazil / Impresso no Brasil

Atendimento e venda direta ao leitor:
mdireto@record.com.br
Tel.: (21) 2585-2060

ISBN 978-85-03-01171-6

Capa: FERNANDO VASCONCELOS / IDEIA D

Texto revisado segundo o novo Acordo Ortográfico da Língua Portuguesa.

CIP-BRASIL. CATALOGAÇÃO NA FONTE
SINDICATO NACIONAL DOS EDITORES DE LIVROS, RJ

D486	Desenvolvimento humano, "indústrias criativas", favelas e estatutos do homem (ode ao amor, à vida e à liberdade) / Aloizio Mercadante [et al.]; [coordenador] João Paulo dos Reis Velloso. – Rio de Janeiro: José Olympio, 2012.
	308p. : il.
	ISBN 978-85-03-01171-6
	1. Desenvolvimento econômico – Aspectos sociais – Brasil. 2. Brasil – Condições sociais. 3. Brasil – Política social. 4. Brasil – Política econômica. 5. Desenvolvimento social – Brasil. 6. Educação – Brasil – Aspectos sociais. 7. Brasil – Condições econômicas. 8. Brasil – Condições sociais. 9. Integração social – Brasil. I. Mercadante, Aloizio, 1954-. II. Velloso, João Paulo dos Reis, 1931-. III. Instituto Nacional de Altos Estudos.

	CDD: 338.981
12-4708	CDU: 338.1(81)

SUMÁRIO

Apresentação
João Paulo dos Reis Velloso   9

DESENVOLVIMENTO HUMANO, "INDÚSTRIAS CRIATIVAS",
FAVELAS E "OS ESTATUTOS DO HOMEM"
(ODE AO AMOR, À VIDA E À LIBERDADE)

PRIMEIRA PARTE
O BINÔMIO CRIATIVO — EDUCAÇÃO DE QUALIDADE
E EMPREGO (SÓ O EMPREGO TIRA DA POBREZA)

O ensino deve ser transformador   15
Aloizio Mercadante

Desenvolvimento humano, educação e emprego   29
Marcio Pochmann

Educação — soluções simples para problemas complexos   35
Claudio de Moura Castro

Qualidade da educação, inclusão econômico-social e   53
crescimento
Fernando Veloso

5

Integração de educação, ciência, tecnologia e inovação	81
Sérgio Mascarenhas	

Educação de qualidade e emprego 97
Renato Janine Ribeiro

Dinâmica da pobreza e mercado de trabalho 105
Ana Flávia Machado

SEGUNDA PARTE

TEATRO MÁGICO DA CULTURA:
"INDÚSTRIAS CRIATIVAS" — COMO TRANSFORMÁ-LAS
EM GRANDES OPORTUNIDADES

A criatividade a serviço de um novo modelo de desenvolvimento 113
Anna de Hollanda

Futebol e cultura. Futebol é cultura 119
Aldo Rebelo

Literatura e "Indústria Criativa". Literatura é
"Indústria Criativa" 127
Geraldo Holanda Cavalcanti

Plano Diretor do Cinema Brasileiro (*Infinito cinema*) 135
Luiz Carlos Barreto e *Nelson Pereira dos Santos*

A Economia Criativa do Carnaval 151
Luiz Carlos Prestes Filho

"Indústrias Criativas" — modelo de atuação do
Museu da Gente Sergipana 167
Saumíneo da Silva Nascimento

TERCEIRA PARTE
FAVELA COMO OPORTUNIDADE:
PLANO DE DESENVOLVIMENTO DE FAVELAS PARA
SUA INCLUSÃO SOCIAL E ECONÔMICA

Contribuição da Igreja Católica para o desenvolvimento das
comunidades (favelas)   179
Dom Orani João Tempesta, O. Cist.

Estratégia do governo do Rio de Janeiro para o desenvolvimento
das comunidades (favelas)   185
Luiz Fernando de Souza Pezão

Rumo ao fim da cidade partida   193
Eduarda La Roque

Rio de Janeiro: desafios para a integração   201
Ricardo Henriques

Favela como oportunidade   207
Marília Pastuk

O exemplo emblemático de Manguinhos: excesso de Estado
e falta de planejamento   227
Vicente Carlos Pereira Jr.

Desafios para os programas governamentais
no Pavão-Pavãozinho   233
Alzira Amaral

O trabalho social da Igreja Católica no Cantagalo   239
Luiz Bezerra do Nascimento

O Museu de Favela   243
Sidney Silva (Tartaruga)

Desafios para a integração da Rocinha à cidade formal   251
Antônio (Xaolin) Ferreira de Mello

Favela como oportunidade: para quem?   257
Diego Santos Francisco

Demandas do Complexo de Manguinhos   261
Marcelo Radar

Nova Era   267
Luis Erlanger

A sustentabilidade da habitação de interesse social   271
Thomás Tosta de Sá

QUARTA PARTE
VISÕES DE BRASIL E "OS ESTATUTOS DO HOMEM" (ODE AO AMOR, À VIDA E À LIBERDADE)

A vida do poema   279

"Os Estatutos do Homem" (poema de amor, vida e
liberdade — ontem e hoje)   281
Thiago de Mello

Estatutos e declarações universais são guias para a ação   287
Maria Celina D'Araujo

A tal da liberdade   299
Ana Maria Gonçalves

APRESENTAÇÃO

*João Paulo dos Reis Velloso**

---

*Presidente do Fórum Nacional (Inae), presidente do Ibmec — Mercado de Capitais e professor da EPGE (FGV).

DESENVOLVIMENTO HUMANO, "INDÚSTRIAS Criativas", favelas e "Os Estatutos do Homem" (Ode ao amor, à vida e à liberdade) reúne algumas apresentações relativas ao XXIV Fórum Nacional, realizado em maio de 2012.

Elas dizem respeito, em uma palavra, ao objetivo de caminharmos para nos tornar um país desenvolvido com alto conteúdo de *desenvolvimento humano*. Em vários aspectos.

De um lado, impulsionando o binômio criativo: *educação de qualidade* e *emprego* (dentro da ideia de que só o emprego tira da pobreza).

De outro, o Brasil precisa transformar várias "Indústrias Criativas" (culturais) em grandes indústrias, como é o caso do cinema brasileiro. Por isso, foi apresentado um "Plano Diretor do Cinema Brasileiro", em que o incentivo fiscal é concedido a *empresas*, e não a *projetos*, a fim de que se criem, no setor, fortes estruturas empresariais.

Em terceiro lugar, o Fórum Nacional elaborou, por meio de uma equipe especializada, um "Plano de Inclusão Social, Econômica e Cultural de Favelas".

Trata-se de trabalho inédito no Brasil, que abrange, na primeira etapa, as favelas da Rocinha, Cantagalo, Pavão/Pavãozinho, Borel e Manguinhos. O livro correspondente já foi publicado.

Finalmente, houve uma discussão sobre "Visões de país" e "Os Estatutos do Homem" (Ode ao amor, à vida e à liberdade), de Thiago de Mello.

PRIMEIRA PARTE

O BINÔMIO CRIATIVO —
EDUCAÇÃO DE QUALIDADE E EMPREGO
(SÓ O EMPREGO TIRA DA POBREZA)

O ensino deve ser transformador

*Aloizio Mercadante**

---

*Ministro da Educação.

INICIALMENTE PODE-SE DIZER que diante de um quadro internacional extremamente delicado o Brasil vive um momento de crescimento moderado, com a balança de pagamentos bastante sólida para enfrentar toda essa turbulência que novamente se apresenta. O país está com a inflação sob controle, com uma melhora substancial nas finanças públicas que nos permite implantar políticas anticíclicas, com forte programa de inclusão social, com uma cultura de paz e de relações diplomáticas com todos os seus vizinhos, com o sexto PIB da economia mundial. No entanto, apesar desse cenário favorável, existem ainda imensas desigualdades sociais, e a educação, a ciência e a tecnologia são o grande desafio do futuro. O país não pode se acomodar em ser um exportador de *commodities*. Precisa se preparar para a sociedade do conhecimento e informação e para a "economia verde" e criativa, mantendo a política de inclusão social. Essas são as políticas estruturais mais relevantes para que o país se torne desenvolvido econômica e socialmente.

Diante desses desafios estruturais, uma questão importante é o Plano Nacional de Educação (PNE), que está em definição no Congresso Nacional. O debate sobre as 20 macrometas é fundamental para que se defina, de preferência, um grande consenso no país em torno do PNE para que a educação seja, de fato, uma política de Estado, e que todos os entes federados — municípios, estados e a União — se orientem por esta macrodefinição: de quais são as metas prioritárias e que se estabeleça um pacto republicano em torno do imenso desafio que é a educação.

A análise inicia pela Educação Infantil, onde o Brasil apresentava 9,4% de cobertura de creches em 2000, mas em 2010 passou para 23,6% da população de 0 a 3 anos atendida. No entanto, entre os 20% mais ricos, 36,3% estão nas creches, enquanto que entre os 20% mais pobres, apenas 12,2%. Na pré-escola, o país tinha 51% da população com a faixa etária de 4 a 5 anos atendida em 2000, e em 2010 passou para 80%. Entre os 20% mais ricos, 92% frequentam a pré-escola e essa proporção é de 67,8% entre os 20% mais pobres.

Um esforço adicional por parte do governo federal está sendo feito para melhorar a situação das crianças de 0 a 6 anos em situação de extrema pobreza. Do ponto de vista social, a curva da extrema pobreza no Brasil evoluiu muito positivamente com o Programa Bolsa Família, com o aumento do salário mínimo, com o crédito popular e uma série de políticas de inclusão. Mas é exatamente na infância que ocorre a maior exposição da pobreza: o total de crianças de 0 a 5 anos em extrema pobreza é de 2,4 milhões, e essa situação não pode continuar.

GRÁFICO 1
EXTREMA POBREZA POR IDADE
BRASIL — 1999 E 2009

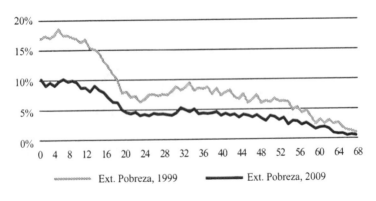

FONTE: IBGE.

Em função desse desafio, foi lançado o programa Brasil Carinhoso. No Dia das Mães, a presidente da República, Dilma Rousseff, anunciou que o primeiro passo seria aumentar a renda das famílias mais pobres.

Todas as famílias brasileiras que tiverem pelo menos um filho com até 6 anos de idade terão renda per capita não inferior a R$ 70,00. Não será possível tirar as crianças dessa faixa etária da pobreza se não houver um tratamento da família como instituição protetora dessas crianças. De forma mais estratégica, está exatamente o conjunto de políticas de fomento à creche e à pré-escola. Entre as medidas tomadas, está a de antecipar o repasse do Fundo de Manutenção e Desenvolvimento da Educação Básica e de Valorização dos Profissionais da Educação (Fundeb) a todas as creches, conveniadas ou não, para novas vagas. Assim que o prefeito amplia a oferta de creches, especialmente para crianças até 3 anos de idade — de 4 e 5 anos é uma meta obrigatória, e a grande deficiência é exatamente entre 6 meses e 3 anos, cuja cobertura não é obrigatória —, ele tem a antecipação do Fundeb.

Também foi aumentado em 66,7% o valor da alimentação na creche e na pré-escola. Nas creches da rede pública, as crianças retornam, na segunda-feira com fome e se alimentam muito mais do que na média dos outros dias. Isso é um sintoma da dificuldade que passam no fim de semana. Para combater esse problema, o Ministério da Educação procurou criar o reforço na alimentação escolar. Além disso, o Ministério da Saúde promoverá na creche e na pré-escola a cobertura do programa Saúde na Escola e aumentará o suplemento de vitamina A e de ferro, essenciais para a adequada nutrição.

Outra medida dentro do programa Brasil Carinhoso é para as crianças que estão no cadastro do Bolsa Família — a maior dificuldade em relação às creches está na periferia das grandes cidades, nas regiões de piores condições de acesso — o prefeito recebe 50% a mais do repasse per capita ao colocar em creches as crianças cadastradas no Bolsa Família.

Paralelamente estão em construção 4.050 creches. Um dos desafios está relacionado à demora na construção das creches, que, em média, dura seis meses no processo de licitação. O Ministério da Educação está tentando acelerar esse processo. Recentemente foram contratadas mais 1.512, portanto a previsão é de chegar a 5.562 contratadas este ano.

Algumas questões podem aparecer nesse momento: por que essa política de creches? Porque é uma política de assistência social? Seguramente. Um dos motivos é liberar a mãe para o mercado de trabalho, para que ela tenha emprego e possa auxiliar na renda da família. Porém o fator fundamental é a criança. Exatamente nessa faixa etária são desenvolvidas as habilidades não cognitivas, que vão além do conhecimento, da razão. Logo, da capacidade de abstração e do comportamento. Nesse momento, quando a criança tem a descoberta da visão, da audição, das sensações e dos sentimentos, o acolhimento, o carinho, a atenção, os estímulos pedagógicos e sensoriais são fundamentais para toda a vida escolar futura e para a vida adulta.

Uma referência nessa questão são os trabalhos do economista norte-americano James Heckman, ganhador do Prêmio Nobel de Economia em 2000, reconhecido econometrista, além de outros trabalhos científicos que mostram que as habilidades desenvolvidas pela criança nessa faixa etária são fundamentais. Segundo Heckman, cada dólar investido na educação dessas crianças obtém um ganho de 10 centavos de dólar em cada ano de vida que a pessoa tem ao longo da sua história. Portanto, é absolutamente indispensável esse programa para o país enfrentar o desafio da educação brasileira.

GRÁFICO 2
TAXA DE ESCOLARIZAÇÃO LÍQUIDA DO
ENSINO FUNDAMENTAL (7 A 14 ANOS)

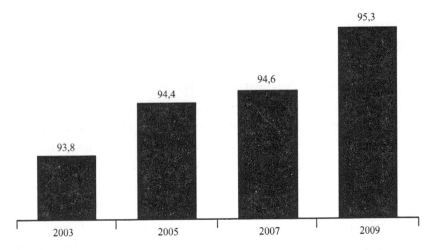

FONTE: PNAD/IBGE. ELABORAÇÃO: MEC/INEP.

Seguindo na Educação Básica, o Ministério da Educação ampliou a cobertura da escolarização do Ensino Fundamental em 95% e registrou avanço muito grande nos últimos anos em termos de acesso. Houve melhora no Índice de Desenvolvimento da Educação Básica (Ideb), que é uma combinação de avaliação e fluxo.

GRÁFICO 3
EVOLUÇÃO DO IDEB (ANOS INICIAIS DO
ENSINO FUNDAMENTAL)

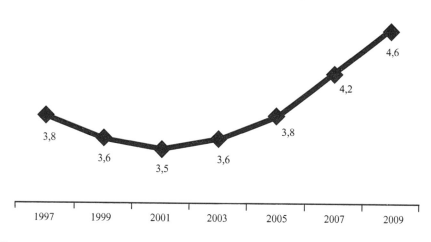

FONTE: INEP/MEC.

No entanto, quando se analisa a alfabetização até os 8 anos de idade, a situação é heterogênea entre as diferentes regiões do país. No caso do Paraná, por exemplo, apenas 4,9% das crianças não estão alfabetizadas; em Santa Catarina, 5,1%; no Rio Grande do Sul, 6,7%. Em termos de alfabetização, o Sul é a região em melhor situação no país.

No Nordeste, a média da região de crianças não alfabetizadas é de 28%. Na média do Brasil, 15,2% das crianças não são alfabetizadas até os 8 anos de idade e não dominam as primeiras operações.

Alfabetizar na idade certa tem de ser a prioridade das prioridades. Se o país não resolver a questão da alfabetização, haverá problemas em toda a vida escolar do estudante. Especialmente no Ensino Médio, registra-se um índice elevadíssimo de defasagem de série (34,5%) e de evasão escolar (9,9%), por isso a importância da creche e da pré-escola, que criam as habilidades não cognitivas e a motivação para a alfabetização. Uma criança que não esteve em uma creche adequada domina em torno de 4 mil palavras; a que teve todos os estímulos pedagógicos na creche domina em torno de 12 mil palavras. Portanto, tem melhores condições no processo de letramento e alfabetização.

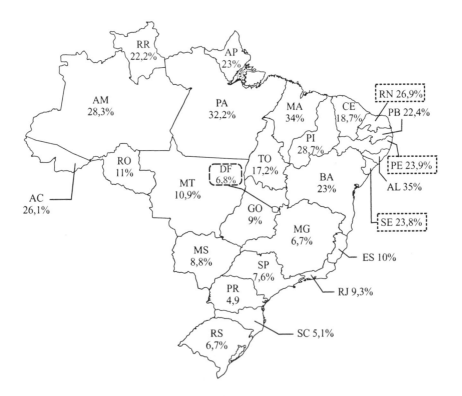

FONTE: Censo Demográfico 2010/IBGE. ELABORAÇÃO: MEC.

O Brasil conta com 244 mil professores-formadores, alfabetizadores, para a Educação Básica. Será lançado um programa muito forte de formação continuada, de gestão, e será promovida uma avaliação para diagnóstico aos 7 anos de idade, se as crianças estiverem lendo, e aos 8 anos, se elas estiverem lendo e escrevendo. Dessa forma será possível ter o diagnóstico que possibilite cuidar daquelas que não estejam habilitadas. Está previsto um maior estímulo aos professores, que são sempre a peça fundamental de tudo o que diz respeito à educação.

Quanto ao Ensino Médio, que é o grande problema da educação brasileira, como pode ser visto pelos dados de evasão apresentados anteriormente. Nessa fase da educação do jovem, caso a escola não seja atrativa, caso a escola não consiga motivá-lo — e muitas vezes se a escola não o prepara para o mercado de trabalho —, o jovem a abandona, como mostram os índices. Portanto é necessário repensar o Ensino Médio e um esforço muito grande tem sido feito para desenvolver um Ensino Médio inovador, que é a busca de novos currículos e de novas práticas pedagógicas.

GRÁFICO 4
TAXA DE ESCOLARIZAÇÃO DO ENSINO MÉDIO (15 A 17 ANOS)

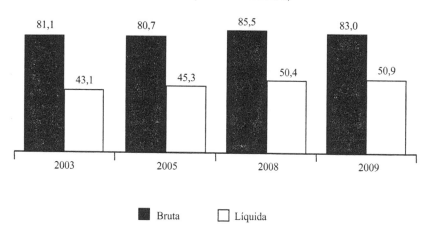

FONTE: PNAD/IBGE, 2009.

Um dos grandes desafios é a educação integral com o programa Mais Educação, que estabelece a jornada de sete horas na escola. A meta inicial era chegar a 32 mil escolas de tempo integral em 2014, mas já em 2012 deverão ser mais de 30 mil. Com esse aumento da jornada escolar, com mais cultura, mais esportes, mais atividades pedagógicas — o ensino de português, matemática e ciências deve ser fortalecido —, haverá melhora significativa na qualidade do ensino, que é o grande desafio do Brasil.

Paralelamente ao programa Mais Educação, alguns governos de estado têm registrado experiências bem-sucedidas com escolas em tempo integral, especialmente no Ensino Médio. No espaço dessas escolas, o professor atua com dedicação exclusiva, portanto é educador 24 horas por dia. Ele acompanha os alunos, conhece o nome de cada um e suas atitudes cotidianas. O resultado dessas experiências é absolutamente promissor. Pernambuco, por exemplo, tem 207 escolas em tempo integral e já alcançou o índice do Ideb previsto para a rede pública até 2021.

Simultaneamente à discussão da escola em tempo integral, especialmente na segunda etapa do Ensino Fundamental e no Ensino Médio, foi criado o Programa Nacional de Acesso ao Ensino Técnico e Emprego (Pronatec), um grande investimento do governo federal e uma parceria ampla para integrar o ensino regular médio e o ensino técnico-profissionalizante. O programa chegou a um milhão de matrículas até abril de 2012 nas suas diferentes modalidades. Uma grande aposta no futuro é a parceria firmada entre o Serviço Nacional de Aprendizagem Industrial (Senai) e o Banco Nacional de Desenvolvimento Econômico e Social (BNDES) para a construção de 61 centros de tecnologia e de inovação em todas as cadeias produtivas estratégicas do Brasil, com base na vocação econômica de cada região. Foram firmadas parcerias com a Fundação Fraunhofer e com o Massachusetts Institute of Technology (MIT) para o envio de mil mestres e doutores brasileiros à Alemanha e aos Estados Unidos. O BNDES está investindo R$ 1,5 bilhão; o Senai e o Serviço Social da Indústria (Sesi), mais R$ 400 milhões.

Um dos instrumentos do Pronatec é a ampliação da rede própria dos institutos federais de educação, ciência e tecnologia, centros de excelência na formação do ensino técnico-profissionalizante que vão chegar ao total de 562 unidades até 2014 com potencial de atendimento de 600 mil estudantes em todo país até 2014. Outra ação fundamental é o Fies-Empresa, que oferece uma linha de financiamento com juros de 3,4% ao ano, sem correção inflacionária. Portanto, é juro subsidiado para que a empresa financie a formação dos seus profissionais e invista no aumento da produtividade, visando a educação e a formação tecnológica. As empresas contam hoje com recursos públicos subsidiados para estimular a formação de seus profissionais. A partir de parcerias público-privadas com instituições, como o Senai, será ampliada a capacidade de oferta de ensino técnico-profissionalizante aos jovens.

Um tema que também merece discussão aprofundada é o da oferta de tablets aos professores do Ensino Médio. Na licitação promovida pelo Ministério da Educação, um tablet de 7 polegadas custa R$ 240,00 o de 10 polegadas, em torno de R$ 420,00. É verdade que não há ainda um acúmulo pedagógico que dê segurança ao processo de informatização — não pode haver nenhuma mistificação quanto à possibilidade de a tecnologia substituir a relação professor/aluno, nem o papel do aluno no processo pedagógico, porque isso não ocorre paralelamente. O Brasil, no entanto, é o terceiro país no qual mais se vendem computadores. O processo de inclusão digital está em curso e é massivo. A escola tem de ajudar a preparar o aluno para o uso da internet e utilizar esse instrumento para melhorar a qualidade do ensino.

O professor, assim, contará com o tablet e com um projetor digital *wi-fi* para pesquisar e preparar a aula como quiser. Está sendo elaborada uma parceria por meio do Pronatec para a formação de 60 mil jovens, que serão certificados para dar apoio ao professor na preparação das aulas.

É inacreditável que ainda se discuta se o professor deve ou não consultar o Google para dar aulas. Igualmente incrível é imaginar que não se possa organizar um sistema de informações digitais que oriente pedagogicamente a aula. Uma parceria firmada com a Fundação Lemann resultará na tradução de aulas de matemática, física, química e biologia — as aulas do professor Khan –, além dos exercícios. Isso será oferecido ao professor brasileiro. Todos os livros didáticos para o Ensino Médio estarão no tablet à disposição do professor, que poderá fazer melhor a sua escolha. No futuro, seguramente, haverá livros digitais no Brasil. No próximo ano, o Ministério da Educação, a partir da parceria com o Todos pela Educação, promoverá um concurso para selecionar as melhores aulas do Brasil. Em consequência, será criado um portal com as melhores aulas de todas as séries. O professor poderá, dessa forma, consultar as melhores aulas para inspirar aquelas que ministrará sobre determinada disciplina. Um caso que merece referência é o Portal do

Professor, que já possui 15 mil aulas e mais de 30 mil objetos pedagógicos que estão à disposição dos profissionais do ensino.

O equipamento mais importante, hoje, para o professor ter acesso a informações é o tablet. Tanto para se atualizar quanto para preparar as aulas. A entrega dos tablets tem de começar sempre pelo professor. Isso porque os estudantes são nativos digitais, são do século XXI. Os professores, em sua maioria, são imigrantes digitais. Se o professor tiver o domínio do processo, terá mais segurança para usar as tecnologias.

No ensino superior, um dos nossos desafios é a formação de uma sociedade do conhecimento, como a formação de engenheiros. O Brasil forma seis engenheiros para cada mil habitantes; a China, quatro para mil — a escala da China, para 1,3 bilhão de pessoas, não permite ser acompanhada. Mas os Estados Unidos formam 40, o Japão 26 e a Coreia do Sul 80 engenheiros por mil habitantes. Há um desinteresse pelas engenharias no mundo ocidental, em geral, e um grande interesse no mundo oriental. É necessário estimular as engenharias no Brasil, especialmente através da matemática. A Olimpíada Brasileira de Matemática das Escolas Públicas, em 2012, terá 19,2 milhões de participantes, com estudantes de quase todos os municípios do país. Para estimular a opção dos jovens brasileiros através da engenharias, a oferta de bolsas de iniciação científica subirá de 4 mil para 10 mil, em todo processo educacional.

Outro problema que afeta o país é o imenso déficit na formação de médicos. O Brasil apresenta 1,8 médicos para cada mil habitantes. A média na Europa é quase o dobro; por exemplo, a Alemanha apresenta 3,6 e a França, 3,5 médicos para mil habitantes. Cuba é um ponto fora da curva na América Latina, com 6,4 médicos para mil habitantes. Além disso, há um problema de distribuição de médicos no território brasileiro, de acordo com dados da Organização Mundial da Saúde. O Ministério da Educação lançou a expansão de 2.415 vagas de medicina para até 2014, o que representa um aumento de 15% do total das vagas. A expansão se dará predominantemente nas universidades federais com a abertura de 1.615 vagas. Além disso, 800 vagas serão ofertadas pelas instituições de ensino superior privadas com a garantia de qualidade. Não só necessitamos de mais médicos, mas de bons médicos. Por isso, é necessário garantir as condições acadêmicas adequadas para a boa formação do médico, garantir também a existência de cinco leitos do SUS por vaga para o aprendizado prático, entre outras condições que são indispensáveis para o ensino médico.

Entre os desafios do futuro, o país tem de aumentar a formação nas ciências básicas — matemática, física, biologia e química —, nas engenharias e na medicina nas universidades federais, nas universidades públicas estaduais e nas boas universidades particulares para atender parte dessa demanda por profissionais nessas áreas, que estão, em grande medida, ligados à formação de uma sociedade do conhecimento e informação.

Nesse contexto de formar pessoas para uma sociedade que olhe para o futuro, um programa importante lançado recentemente pelo governo federal é o Ciência sem Fronteiras.

QUADRO 1

MODALIDADES DE BOLSAS E METAS GLOBAIS (2011-2015)

Bolsa Brasil Graduação (1 ano)	27.100
Bolsa Brasil Doutorado (1 ano)	24.600
Bolsa Brasil Doutorado Integral (4 anos)	9.790
Bolsa Brasil Pós-Doutorado (1 ou 2 anos)	8.900
Bolsa Brasil Jovens Cientistas de Grande Talento (3 anos)	860
Pesquisadores Visitantes Especiais no Brasil (3 anos)	390
Outras modalidades de bolsas	3.360
Total de bolsas do governo	75.000
Total de bolsas das empresas	
(distribuídas entre as modalidades)	26.000
Total de bolsas	101.000

O primeiro edital prevê o envio de estudantes de graduação a países como Estados Unidos, França, Itália, Reino Unido e Alemanha. O segundo, para Austrália, Bélgica, Holanda, Coreia do Sul, Portugal e Espanha. Esse programa apresenta um interesse fantástico por parte dos estudantes. Mas só têm acesso ao programa aqueles que obtêm mais de 600 pontos no Exame Nacional do Ensino Médio (Enem). É um programa que tem como base o desempenho do estudante, a meritocracia. O programa, além disso, está focado nas áreas tecnológicas, em geral, e nas áreas de ciências da saúde e de ciências básicas, as grandes deficiências do Brasil. Em 2012, serão concedidas 20 mil bolsas aos melhores alunos do Brasil nas melhores universidades do mundo. Portanto, há grande demanda por cursos de idiomas por parte dos estudantes candidatos a bolsas do programa Ciências sem Fronteiras. O Ministério da Educação já promoveu um encontro com representantes de instituições de ensino de línguas para tentar atender a essa demanda.

Há também uma demanda de jovens doutores que querem vir pesquisar no Brasil e grande interesse de pesquisadores de ponta pelo país. Dessa forma, pode-se dizer que, em grande medida, superamos aquela diáspora de cérebros e viramos um centro de atração de intelectuais e de pesquisadores. O Brasil, reciprocamente, tem grande interesse em trazer bons pesquisadores para as áreas estratégicas do conhecimento. Nossas universidades podem, portanto, se tornar instituições de classe internacional. O Ciência sem Fronteiras tem tudo a ver com a transformação. O programa é um grande êxito, e temos recebido muitas ofertas para fortalecê-lo.

Desenvolvimento humano, educação e emprego

*Marcio Pochmann**

---

*Presidente do Ipea.

RESSALTAREMOS ASPECTOS QUE, apesar de já serem conhecidos por todos, são importantes na atual temática da educação, especialmente no contexto da democracia e da estabilidade monetária. Destacamos, porém, que apesar de termos nos transformado em um país republicano em 1889, levamos quase 100 anos para tornar a nossa escola republicana também, identificando o Ensino Fundamental como aquele que, pelo menos, ofereceria acesso a todos. E isso foi conquistado a partir da Constituição de 1988, que ofereceu condições para que universalizássemos o ingresso no Ensino Fundamental. Essa herança faz, de fato, vivermos em um contexto paradoxal em relação à importância econômica de nosso país.

Os temas principais são a virtuosidade do gasto público em educação; a universalização do acesso ao ainda incompleto Ensino Fundamental; o aumento da qualidade da educação no Ensino Fundamental e a necessidade de aumentar recursos para atingir o ensino universal e de qualidade.

O gasto social, especialmente com a educação, do ponto de vista da dinâmica econômica, é um aspecto relevante. No Brasil, a educação representa 1/5 dos gastos sociais, enquanto nos países desenvolvidos representa 1/3. No caso brasileiro, o aumento do gasto social está relacionado ao crescimento econômico. Estudos dos nossos colegas do Ipea demonstraram que cada 1% de elevação do PIB, com gasto em educação, corresponde a um impacto positivo de 1,8% no crescimento do PIB e, consequentemente, um impacto significativo nas rendas das famílias. Constataram também que 55% — ou seja, uma parte expressiva — dos acréscimos no gasto em educação retornam ao Estado, em decorrência de nosso sistema tributário, ainda regressivo.

O efeito distributivo do gasto social é mais um ponto fundamental. A educação, a saúde e os programas de transferência de renda são os que produzem mais efeitos na redução da desigualdade, medida pelo índice de Gini. Ao contrário das exportações de commodities e juros pagos, que provocam aumento da desigualdade, os investimentos na área social, especialmente na educação e na saúde, reduzem essa diferença. Nesse sentido, a ampliação desses investimentos favorecem não apenas o crescimento da economia de forma sustentável, mas também produzem impacto extremamente positivo no enfrentamento da desigualdade.

Em 1985, comprometíamos 13,5% do PIB na área social; hoje são 23%, percentual comparável aos dos chamados países desenvolvidos, embora nosso PIB per capita não seja elevado.

Contudo, apesar dos esforços que estão sendo feitos desde a virada do século XX para o XXI, ainda há uma parcela da população, segundo os dados da Pnad, que não tem acesso ao ensino — de 4 a 5 anos, de 6 a 14 e de 15 a 17 anos. A estimativa, segundo os dados da Pnad, aponta que 3,7 milhões de brasileiros ainda não têm acesso à educação. A mesma estimativa indica que seriam necessários, aproximadamente, R$ 10 bilhões por ano de recursos para viabilizar o acesso integral à educação desse contingente.

Outro ponto para o qual chamamos atenção é a complexidade, do ponto de vista dos recursos adicionais, que a área educacional apresenta, em seus vários programas. A necessidade de recursos adicionais para atender às demandas do Programa Nacional de Educação varia de 2% a 5%.

É preciso ressaltar, também, o esforço que vem sendo feito, nos últimos anos, no que diz respeito à elevação do gasto com educação, especialmente do gasto federal. Entre 1995 e 2005, não houve mudanças significativas do gasto em relação ao PIB. A partir de 2005, contudo, tem ocorrido um aumento dos gastos em relação ao PIB. Esse dado comprova que há um esforço, por parte do governo, nesse período recente, de ampliar os recursos, depois de um espaço de tempo em que ficamos relativamente "congelados". Em 2009, por exemplo, o gasto relativo ao PIB foi maior se comparado ao de 1995.

Outro aspecto importante da mudança da composição dos recursos para a educação se refere ao acréscimo aos gastos em relação ao PIB de todos os entes da federação, entre 2000 e 2009: por parte dos municípios, que passou de 1,8% para 2,2%; o dos estados, de 2% para 2,4%; e da União, de 0,9% para 1,2%. Então, podemos dizer que houve esforço para que tivéssemos um aumento de um ponto percentual do PIB nos gastos com educação nesse período.

É importante ressaltarmos outra questão, que diz respeito à expansão do acesso à educação, observada pela taxa de frequência escolar nas diferentes faixas etárias, comparativamente aos recursos gastos federal e total. Isso significa dizer que, cada vez mais, é importante a presença dos governos estaduais e municipais. Houve aumento na taxa de frequência bruta na escola, na faixa etária de 0 a 3 anos, de 8% para 18%, de acordo com os dados da Pnad. De modo geral, houve uma evolução positiva em todos os dados, porém, o mais significativo se refere ao Ensino Médio, na faixa etária de 15 a 17 anos, em que a metade dos jovens tem acesso à escola. E no Ensino Superior, houve aumento de 6% para 14%, o que também aponta um crescimento importante. Contudo, ainda estamos muito distantes do padrão de países desenvolvidos. Os países asiáticos, por exemplo, têm empreendido esforços para ampliar o ingresso dos jovens no Ensino Superior — praticamente mais de 1/3 nesse segmento.

O papel da educação no combate à desigualdade é outro aspecto a ser estudado. Analisando a população pelo acesso à educação e pela distorção por série, podemos perceber que esse é um elemento muito grave, referente à condição de vida. Se tomarmos como exemplo as famílias extremamente pobres, com renda per capita de até R$ 67,00, a distorção série/idade alcança 36%, na faixa de 7 a 14 anos, enquanto para aqueles não tão pobres, que têm rendimentos per capita acima de um salário mínimo, o índice é de 8,2%. Então, não há dúvida de que a relação entre condição de vida e educação é extremamente elevada. No caso do analfabetismo, o percentual é de 32,7%, na faixa de 15 a 64 anos, para a população extremamente pobre. Ou seja, 1/3 das famílias extremamente pobres no Brasil seria considerado analfabeto. Já para os considerados não pobres, o analfabetismo é praticamente inexistente, do ponto de vista estatístico — alcança apenas uma taxa residual de 2,3%. Logo, a superação da condição de pobreza é, efetivamente, um aspecto fundamental para a elevação das condições de Educação no Brasil.

A trajetória da carga tributária no país — tudo o que se arrecada em relação ao PIB — é outro ponto que deve ser destacado. Ela sofreu um avanço significativo nesse período de estabilidade — iniciado em 2005 —, mas o aumento para a área da educação não acompanhou esse ritmo, uma vez que seu acréscimo foi de um ponto percentual, enquanto o crescimento da arrecadação foi bem mais elevado.

Concluindo, destacamos que o país possui fontes para ampliação dos recursos governamentais na educação. Nosso corte abrange especialmente a área social, com uma série de tributos que praticamente não têm sido importantes, do ponto de vista arrecadatório — o imposto territorial rural, por exemplo, arrecada 0,01% do PIB e pode chegar a 1%, se observamos a experiência internacional. Quanto ao imposto sobre grandes fortunas, inexistente no Brasil, a experiência internacional mostra que o percentual pode alcançar até 0,7% do PIB. Em relação não apenas à estrutura dos impostos, mas também no tocante às renúncias e subsídios fiscais, que é outro tema pouco tratado, não há dúvida de que a Receita Federal, por exemplo, é um elemento importante , bem como o fundo do pré-sal, que é mais um tema da discussão sobre o uso de recursos.

O Brasil pode melhorar o financiamento da Educação, e isso implica, evidentemente, não apenas em melhorar sua gestão e qualidade, mas também gerar novas fontes de financiamento. É bastante promissora a possibilidade de que nesta década, até 2022, quando o Brasil completará 200 anos de independência, sejam superados os entraves para que a Educação deixe de ser uma retórica e passe a ser prioridade no país.

Educação — soluções simples para problemas complexos

Claudio de Moura Castro*

---

*Economista, especialista em Educação.

MEU AVÔ CONTAVA o caso de dois fazendeiros de Paracatu que se encontraram no mercado, chamando logo atenção a diferença de suas montarias. A tal ponto que o do cavalo magro e maltratado perguntou ao amigo o que deveria fazer para que o seu ficasse também belo e saudável. "Fácil", respondeu o outro; "todos os dias, exatamente às sete da manhã, você deve ir à cocheira e fazer 'pipi' na pata dianteira direita do seu cavalo."

Um ano depois, voltaram os amigos a se encontrar. O cavalo feio havia se transformado, estava lindo. Qual foi a mágica? É simples, sete da manhã era a hora em que o cavalariço devia tratar do cavalo. Com o dono presente, os cuidados se multiplicaram. É o que Norberto Odebrecht denomina "A Pedagogia da Presença".

Com a educação não é muito diferente. Há incontáveis cuidados e providências que precisam ser tomados. Educação de qualidade é aquela em que essa coleção de pequenos tratos foi executada com desvelo. E tal como no caso de Paracatu, alguém tem de tomar conta, o processo não pode ser deixado ao sabor dos humores e dos interesses pessoais.

Antes de prosseguir, é preciso sempre lembrar, a educação acontece — ou não acontece — na sala de aula. O que quer que se faça, se não melhora a sala de aula, não tem muita razão de ser. Discurso de ministro, polpudos documentos de planejamento, nada adiantam se não chegarem na aula.

O presente artigo começa em Paracatu, pois toma uma posição muito clara, ao defender uma política educativa que podemos chamar do "feijão com arroz". É a dupla ideia de que não é com um golpe de mágica ou espada que se resolve o problema, mas com uma infinidade de gestos e ações, cada um relativamente modesto. Ademais, sem cobranças, pouco acontecerá. No fundo, o artigo desdenha as revoluções educativas, os gestos heroicos, as teorias mirabolantes, as conspirações, as ideologias sinistras e, ainda menos, a salvação por alguma tecnologia milagrosa.

A tecnologia pode ajudar e não devemos prescindir dela, se há boas chances de ser usada corretamente. Tampouco seria o caso de desencorajar quem quer usá-la ou desenvolvê-la. Mas é preciso que fique claro. Nem é o motor de mudanças importantes na educação, nem tem um trânsito fácil dentro da escola acadêmica. De fato, pelo mundo afora, seu uso tem sido um grande desapontamento, em que pese o enorme potencial que possui.

Quando olhamos os países de desempenho superlativo na educação, vemos neles a aplicação de soluções robustas e singelas, ao mesmo tempo. Ou seja, são robustas porque resistem aos maus-tratos do cotidiano. Mas para serem robustas precisam ser simples. Em tais soluções, o ensino é bom, porque cuidou-se bem dos detalhes mais importantes, não porque foram adotadas teorias ou equipamentos revolucionários.

Como no caso do cavalo de Paracatu, os detalhes são importantes e são muitos. Inicialmente há a administração do ensino, ajudando ou atrapalhando a gestão da escola. Há a presença crítica de um bom diretor. As práticas de sala de aula fazem enorme diferença. E obviamente o professor é o epicentro do processo de aprendizagem.

Façamos um tour na Teoria do Feijão com Arroz.

AS SECRETARIAS DE EDUCAÇÃO

As Secretarias de Educação — municipais ou estaduais — são a cabeça de cada sistema. Se falharem, não apenas deixam de ser um esteio para o ensino, mas tornam difícil a vida de diretores e professores dedicados e que queiram oferecer a melhor educação possível.

Fazer certo começa com clareza de objetivos. É preciso definir poucas prioridades e fazer com que todos as conheçam. Se há prioridades demais, então não há prioridades e os esforços de todos se perdem, se entrecruzam. É também preciso que todos saibam que direção tomar. Se não fica evidente a todos quais são as prioridades, não há como identificar sucesso e fracasso. No limite, imaginemos que para alguns a prioridade seria ter o melhor time de judô. Se isso acontecer, para essas pessoas a escola foi um sucesso, ainda que os alunos saiam analfabetos. Além da confusão criada pela ambiguidade de objetivos, não há como premiar ou punir os melhores, pois não é claro quem são.

Mas não basta que as prioridades sejam poucas, é preciso que não flutuem, ao sabor dos modismos e da personalidade dos chefes de plantão. Ampla pesquisa mostra que nos bons sistemas educativos, ano após ano, houve clareza acerca do que se queria fazer e insistência em fazer melhor a mesma coisa. Em contraste, se um dia é educação para o trânsito, outro é meio ambiente, depois vem educação sexual, não há foco nem tempo para ser bom em nada.

Como é verdade para qualquer organização, se a gestão no topo vacila, o resto cambaleia. Se a seriedade não vem de cima, de onde virá? Se prevalecer o nepotismo ou o uso político da máquina educativa, é difícil imaginar que vá produzir bons resultados. E ainda menos dar bons exemplos para os alunos. Infelizmente muitos secretários municipais costumam ser figuras mortiças e subservientes aos desígnios políticos dos prefeitos. Isso é fatal!

A meritocracia e os mecanismos para premiar o bom comportamento e coibir o malfeito são fundamentais para se obter bons resultados. Embora estejamos lidando com problemas persistentes, nada há de revolucionário na ideia de que sem boa gestão é difícil obter bons resultados. Ou seja, estamos falando do feijão com arroz de qualquer organização.

Observam-se dois problemas recorrentes na interface da Secretaria com as escolas. O primeiro e mais grave é a percepção de distância e alienação por parte dos diretores diante de uma autoridade central longínqua, impessoal e hostil. Se for assim, os secretários não lideram, pois são percebidos como comandantes de uma máquina alienada e impessoal. Talvez importe menos o fato real do que a percepção de estranhamento por parte dos liderados. Na prática, algumas Undimes exercem esse papel de articular a rede de escolas.

O segundo problema é a carga burocrática a que Secretarias submetem as equipes das escolas. Pelo que se sabe, há uma abundância de pedidos de dados, informações, relatórios e outros, vorazes de tempo para sua preparação. Pesquisas mostram que os diretores alocam pouquíssimo tempo para a educação propriamente dita e muitíssimas horas semanais lidando com tarefas burocráticas.

Finalmente, se a Secretaria está a cargo de comandar o sistema, ela precisa saber o que está acontecendo. Portanto, a avaliação é parte essencial de sua missão. Mas obviamente, avaliação é só a primeira metade da tarefa. É preciso agir, usando o *feedback* do que diz a avaliação.

OS DIRETORES DE ESCOLA

O diretor faz a ponte entre a administração do ensino e o exército de professores, a quem cabe a tarefa de ensinar. De certa maneira, sua lealdade está dividida. É parte do time da escola de origem, é professor, como os outros. Mas precisa prestar contas à Secretaria.

Inevitavelmente o diretor é a figura-chave no funcionamento da escola. Seu desempenho afeta a todos, professores e alunos. Costuma-se dizer que "a escola tem a cara do diretor". Essa afirmativa não é questionada por professores e diretores entrevistados.

Uma inglesa, calejada inspetora de escolas na sua terra, percorreu as periferias de São Paulo. Não é surpresa o descalabro que encontrou nas escolas visitadas. Contudo, eram ótimas algumas poucas, da mesma rede e operando com as mesmas regras. Não só tinham bibliotecas e computadores, mas mostravam bom desempenho. Por que seria? Para quem é do ramo, é um segredo de polichinelo: tinham um diretor carismático e inspirado. Ou seja, o futuro de centenas de alunos estava nas mãos de uma só pessoa.

Não é assim só na *Terra Brasilis*, pois ouvi de um vice-ministro dinamarquês que um bom diretor, em dois anos, conserta uma escola atrapalhada. O diferencial aqui é que o bom diretor tem de ser um portento. Os desafios são formidáveis. Nesse cargo, ele não contrata, não demite, não premia, não pune e não administra recursos substanciais.

Em suma, ele quase não manda. Não há bons sistemas de gestão nem preparação correta para o cargo. Pior, o diretor escolar comanda um exército de "imexíveis" (aliás, só em Cuba há a prática de se ver livre de maus professores). Na mais reles empresa, o gerente tem armas de gestão bem mais poderosas.

Diante de uma dieta tão magra de poder, como fazem os excelentes diretores para se destacar do restante? É o carisma, é a capacidade de sedução. Se não dá para mandar, é preciso conquistar pelo charme, pelo magnetismo pessoal. Ora, são escassos os que possuem tais atributos de personalidade e mais os conhecimentos administrativos para gerir uma escola. Os poucos diretores com tais perfis conseguem excelentes resultados. Ainda assim, com membros da equipe que não querem nada, a sedução é impotente. Além de conseguir legitimidade dentro da equipe da escola, o diretor tem de conseguir aliados fora dela.

E não é só isso. Como mostra o estudo de F. Abrucio, grande parte do tempo do diretor vai para cuidar de merenda, disciplina, resolver consertos e conflitos, ou seja, tarefas menores diante do desafio de melhorar o nível de aprendizado dos alunos. Apesar de trabalharem nos fins de semana, quase não sobra tempo e energia para dedicar à educação.

Não fossem esses óbices o bastante, o processo de seleção em nada favorece a busca daqueles com esse perfil quase impossível. Para a terça parte dos diretores brasileiros, ainda escolhidos no troca-troca da política local, apenas falta redigir o epitáfio da educação, nas escolas em que isso ocorre. Concursos são uma opção honesta, mas pouco inspirada, pois é difícil capturar capacidade de liderança e sedução em provas escritas. A eleição jamais foi adotada em países de educação séria. Dentre nós, pode até ser melhor que a escolha política, mas os candidatos fazem acordos e assumem compromissos, perdendo autonomia e isenção durante seus mandatos. A política partidária, quando pisa na escola, sai escorraçada a seriedade da instituição. Fórmulas mistas, combinando provas e eleição têm mostrado promessa. É preciso tentar novos modelos que, de resto, existem em outros países. Gerentes de loja escolhidos pelos métodos da escola, em poucas semanas, levariam o negócio à falência, com poucas exceções.

Aliás, como iremos saber, por antecipação, quem poderia virar um bom diretor? Simplesmente, não sabemos. Mas logo ao entrar na escola de um dos bons, percebemos que a atmosfera é diferente. É a plantinha na janela, é o quadro pendurado, é o banheiro limpo, é o tapetinho na entrada da secretaria, é a ausência de grafite e vidraças partidas, são os horários respeitados.

E, naturalmente, diretores devem cuidar do bom astral dos professores. Esse é um ponto fundamental para a saúde do sistema. São infindáveis as reclamações dos professores. Em grande parte, refletem um desconforto com o ambiente da escola. De fato, é interessante registrar que as escolas privadas remuneram ligeiramente menos do que as públicas, não oferecem estabilidade e conseguem atrair os melhores mestres. Mais ainda, algumas pesquisas mostram um considerável grau de satisfação dos docentes do sistema privado. Tudo indica que o ambiente mais agradável oferecido por ele seja responsável pela sua maior atratividade. Embora tenham uma clientela mais motivada e economicamente confortável, isso não é tudo. A evidência mais clara disso foi a observação da inspetora inglesa citada anteriormente. Ou seja, se o diretor é bom, o ambiente das escolas públicas pode também ser agradável e produtivo.

Portanto, há um papel crítico para os diretores nesse assunto. Cabe a eles, com os poucos meios de que dispõem, construir um ambiente agradável e estimulante nas suas escolas.

A SALA DE AULA

Qualquer torneiro que frequentou uma escola do Senai aprendeu que, para cada operação requerida, há uma prática prescrita, explicada nos manuais e aprendida nas oficinas. O mesmo com os médicos. Diante de um paciente com o apêndice inflamado, seu manual de cirurgia descreve os vários procedimentos indicados para a apendectomia. Conhecer os métodos consagrados da ocupação é a noção mais elementar de profissionalismo.

Nas salas de aula deveria ser assim também. Há um conjunto de práticas pedagógicas que se revelaram mais bem-sucedidas e deverão ser dominadas e aplicadas pelos professores. A escolha dessas práticas é um assunto de pesquisa experimental e não de fé em gurus ou modismos. Estão todas em livros escritos em português e em linguagem simples. Ao longo dos anos, o uso de livros didáticos se revelou como uma estratégia imbatível. Todos os países que levam a educação a sério escolhem com cuidado os livros e seu uso na sala de aula é universal.

A noção de que os materiais didáticos devem ser preparados pelos próprios professores pode ser viável apenas para um ou outro mestre excepcional. Poucas práticas se mostraram tão nocivas para o ensino quanto esse modismo. Origina-se de pessoas que se identificam com o construtivismo, ignorando que essa epistemologia do aprendizado nada diz sobre o assunto. De fato, há uma linha construtivista pregando o oposto, ou seja, que a preparação cuidadosa e o passo a passo dos materiais é imprescindível para o uso das práticas construtivistas. Qualquer que seja a teoria, para quase todos os professores, o planejamento e as sequências contidas no livro se revelam valiosas para um bom ensino.

Um dos princípios mais robustos da sala de aula é que quanto mais se estuda, mais se aprende. Sem muito esforço e dedicação, nada de bom acontecerá. Todos os bons sistemas de ensino garantem um número elevado de horas de aprendizagem.

Claro, o assunto deve ser interessante, intelectualmente rico, e bons usos para o conhecimento devem estar no horizonte. Mas é sempre preciso vencer a inércia na aquisição de conhecimentos novos. Como regra geral, nosso primeiro contato com uma ideia nova é desconfortável. O lugarzinho dela na nossa cabeça ainda não existe. Lutamos para lidar com as ideias novas, lutamos para dar sentido ao novo quebra-cabeça. Mas adquirida essa massa crítica, até temos certo orgulho de dominar o novo tema. Daí para a frente, seu estudo pode ser uma fonte de prazer. Estamos mais do que preparados para desfrutar a hora do recreio. Mas para desfrutar o estudo é preciso um esforço inicial que pode ser grande.

Portanto, estudo sério requer intensidade de dedicação. Devemos entender essa proposição em todos os seus desdobramentos.

Em primeiro lugar, a carga horária da escola precisa ser considerável. Um prédio usado em três turnos diurnos não pode permitir uma educação séria.

Em segundo lugar, é preciso que essas horas sejam de verdade e não apenas um desiderato, uma quimera. Greves, feriados, festas, acidentes de percurso podem reduzir dramaticamente esse tempo de aula. Da mesma forma, atividades culturais, desportivas ou recreativas podem tragar tempo de aprendizado do currículo, por importantes que possam ser como contraponto cultural. Nas grandes capitais, próximas das sedes de organizações filantrópicas, as escolas são invadidas por programas distantes do conteúdo do currículo. Não se trata de desprezar tais atividades, mas de dar-lhes o peso que merecem, evitando que polarizem a vida da escola.

Em terceiro lugar, é preciso que o momento da aula se materialize em ensino de verdade e não em usos improdutivos do tempo. Quanto tempo se perde fazendo a chamada? Cuidando da disciplina? Copiando do quadro-negro, uma atividade que mal só se poderia justificar quando os alunos não tinham livros? Por quanto tempo o professor se dirige a um aluno individualmente, deixando os demais sem fazer nada?

Um problema recente foi a decisão intempestiva de inclusão, pura e simples, na sala de aula, de alunos com necessidades especiais. Se essas crianças são muito diferentes das outras, cria-se uma grande confusão, resultando que elas não aprendem o que poderiam aprender e as outras sofrem com a dispersão e desencontros criados. As políticas de inclusão foram um avanço salutar, mas não funcionam em todos os casos.

Algumas pesquisas tentaram estimar essas perdas de tempo mostrando resultados escandalosos. Facilmente, mais da metade do tempo da escola é utilizado para atividades que não educam, no sentido estrito do termo. Ou seja, o Estado paga por educação e a maior parte desse gasto vira outra coisa ou nada.

Em quarto lugar, queiramos ou não, há uma hierarquia de conhecimentos no currículo. Aprender a ler, entender rigorosamente o que está escrito, escrever corretamente, saber usar os números são os temas mais centrais dos currículos. Se não ganharem um tempo comensurável com sua maior importância, a escola estará sonegando ao aluno uma educação de qualidade. Infelizmente, o congestionamento dos currículos parece induzir a um uso difuso do pouco tempo que sobrou para aprender as noções básicas que justificam o esforço escolar.

Em quinto lugar, o prolongamento da jornada escolar é o "para casa". É essencial para o bom funcionamento da escola. Sobretudo, diante de pouco tempo de aula, o professor deve passar deveres inteligentes, deve cobrar a sua execução, corrigi-los e dar *feedback* individualizado acerca do que o aluno fez. Mas é preciso lembrar que o "para casa" não é para os pais, mas para os alunos, que devem receber tarefas criativas e ao seu alcance. De mais a mais, se para cumprir o dever é preciso mobilizar o conhecimento dos pais, o que acontecerá com aquela maioria de brasileiros cujos pais têm pouca educação?

Nada disso é novidade. Nada disso é *high tech*. Nada disso é intrinsecamente difícil. Como no caso do cavalo de Paracatu, compõem a miríade de detalhes que vão fazer a diferença no aprendizado.

Finalmente é preciso que, na sala de aula, o aprendizado de cada aluno não seja estorvado pela bagunça ou o ruído dos outros. É interessante registrar pesquisas entre os alunos, mostrando que uma de suas reclamações mais frequentes é contra os colegas que atrapalham a aula. Ou seja, os temores de alguns professores de serem autoritários são contraditos pelo que dizem os próprios alunos.

Em outras palavras, são eles que querem uma aula com mais disciplina. Vendo de outro ângulo, nas escolas bem-sucedidas, a disciplina é rígida, é "caretona". Uma pesquisa com alunos das dez melhores escolas na pontuação do Enem mostrou, justamente, que nelas há uma grande ênfase na velha disciplina tradicional, durante os períodos de aula.

Se a escola não consegue manter essa disciplina, alguma coisa está errada. Uma possibilidade é que os alunos estão entediados com conhecimentos que não conseguem entender, ou que não conseguem ver para que servirão. Ou seja, a falta de disciplina pode ser um problema em si, ou então, um sintoma de que a escola é chata. A escola não é um parque de diversões, mas tampouco pode ser uma fonte de conhecimentos sem vida, sem centelha, sem perspectivas de ser uma aventura intelectual.

OS CURRÍCULOS

É preciso entender, a escola é feita para o aluno real, com o que quer que saiba ao chegar na aula. Não há muito que a escola ou o professor individualmente possam fazer para mudar um currículo sem foco, exagerado em suas ambições ou difícil demais para o aluno médio.

Se o aluno chega sabendo pouco, não adianta fingir que sabe muito e prosseguir, ensinando o que o professor, a escola ou o currículo gostariam que soubesse. É uma hipocrisia criminosa, pois o aluno acabará aprendendo menos do que se recebesse conteúdos mais simples. Infelizmente os currículos brasileiros são feitos para gênios. Como a maioria não está nessa categoria, o currículo deixa de ser uma fonte de orientação e passa a ser a origem da desorientação de alunos e professores.

Nos bons sistemas de ensino, o currículo é claro, explícito e não está escrito em javanês, à espera de ser traduzido em palavras inteligíveis para alunos e professores. É preciso domar os currículos oficiais, para que passem a ser uma orientação para a sala de aula. O currículo deve estabelecer com clareza o que o aluno deve sair minimamente sabendo.

O consolo nessa indigestão curricular é que ninguém fora da escola verifica o que foi ensinado e o que foi aprendido. Assim, cabe aos diretores e professores sérios definir metas realistas de aprendizado, meio que passando por cima das miragens curriculares.

O PROFESSOR

O professor é o epicentro do processo de ensino. Mesmo naquele ensino mediado por muita tecnologia, por trás de tudo está algum professor que concebeu e preparou os materiais que o aluno usará. Em suma, o ensino é tão bom quanto o professor. Nada é tão nocivo ou corrosivo na educação quanto um professor inadequado. Uso a palavra inadequado, propositalmente vaga. Não há uma fórmula mágica dizendo que cursos ele tem de fazer, que teorias deve usar, que pessoa deve ser, pois há uma enorme latitude nesse perfil.

Mas algumas características podemos definir com rigor. Em primeiro lugar, o professor precisa saber a matéria que deve ser ensinada.

Podemos conjecturar sobre professores em seminários de doutoramento, lidando com a fronteira do conhecimento. Esse professor, confortavelmente, pode dizer que não sabe exatamente o que está ensinando, pois está cheio de dúvidas e gostaria de explorar suas incertezas com seus alunos.

Contudo, no ensino básico, o professor, imperativamente, deve dominar o assunto que pretende ensinar. De fato, as controvérsias teóricas subjacentes não são assunto do ensino nesse nível. Tão simples quanto isso.

Além disso, o professor precisa conhecer as teorias e as práticas de como ensinar. Ao longo dos anos, a experiência de lidar com uma sala de aula foi se consolidando e gerando práticas consagradas. Ademais, nas últimas décadas, essas práticas passaram a ser objeto de pesquisas sistemáticas, com grupos de controle e outras imposições do método científico. Sendo assim, dispomos hoje de conhecimentos muito precisos acerca do que funciona e do que não funciona. Obviamente há muito que não sabemos, pairam dúvidas, há controvérsias. Mas ao mesmo tempo há um bloco muito substancial de práticas comprovadamente superiores.

Essas práticas têm de ser conhecidas dos professores. Eles têm de dominá-las. Esse deve ser o seu repertório pedagógico. Há livros destilando essas práticas. Não se justifica que professores iniciem suas carreiras sem haver dominado o que é um patrimônio pedagógico de todos.

Propositadamente o presente texto não entra nas controvérsias acerca de teorias pedagógicas. Pelo contrário, toma a posição de quem está de fora, exigindo resultados. Por exemplo, quando levamos uma TV para consertar, queremos apenas que ela volte funcionando bem. Não precisamos fazer um curso de eletrônica para discutir com o técnico as várias opções que tinha para resolver o problema.

Não podemos culpar os professores pela sua falta de preparo. De fato, hoje temos um problema horrendo nas faculdades que formam docentes. Se considerarmos que o problema mais grave da educação brasileira é a falta de qualidade do nosso ensino básico, talvez a mais grave culpa esteja nas orientações equivocadas das faculdades de Educação.

É surpreendente ouvir seus professores afirmando que não é prioridade deles ensinar a fundo os conteúdos que seus alunos ensinarão mais adiante. Não estão tampouco preocupados em ensinar a dar aula, algo que os antigos Institutos de Educação faziam. Se é assim, a pergunta inevitável é: o que tentam ensinar? Não haveria aqui espaço para ampliar a discussão, mas se gasta imenso tempo com teorias arcanas, com discussões ideológicas, com esquerdismo requentado e com assuntos que não aterrissam em sala de aula.

Que mais dizer sobre os professores? Não é pedir muito que sejam escolhidos pelos seus méritos e lá mantidos por esse mesmo critério. Nisso, o país evoluiu muito. Contratos estáveis só são dados a professores concursados. Mas ainda há uma periferia cinzenta dos temporários.

Como os métodos de escolha são imperfeitos, ao longo de suas carreiras alguns mostram desempenho péssimo. O que fazer com eles? Se evitamos frequentar barbeiros que cortaram mal nosso cabelo, se botamos no olho da rua a empregada que não atendeu às expectativas, em nome de que toda uma geração de jovens terá de ser sacrificada, por estar nas mãos de um professor inadequado? Se é politicamente difícil fazer o mesmo com professores claramente inadequados, talvez valha a pena a solução de Nova York, de retirá-los da sala de aula e pagar para que não façam nada.

Além desses pontos mais ou menos óbvios, não parece apropriado ser mais prescritivo. Basta dizer que queremos professores cujos alunos aprendam. Isso porque sabemos que os estilos pessoais podem variar muito. Dentre os excelentes, alguns podem ser autoritários ou secarrões. Outros podem ser doces ou amáveis. Se o aluno aprende, para aquele professor o estilo serviu.

Finalmente, é preciso ponderar que os professores não nascem feitos. Claro, alguns têm mais facilidades. Mas todos precisam aprender e continuar a aprender o seu ofício, ao longo de toda a sua vida profissional. Portanto, tanto quanto a formação inicial, o aperfeiçoamento ao longo da vida faz parte da trajetória do professor.

CULPA DE QUEM, SE ESTÁ RUIM?

O fazendeiro de Paracatu tinha um belo cavalo, justamente porque ia à cocheira nos momentos mais críticos e lá marcava a sua presença. Em educação, a lógica do processo não é muito diferente. Se há cobranças sérias, temos bons resultados. A consideração seguinte é quem vai cobrar o desempenho da escola.

A resposta óbvia é que os interessados deveriam cobrar. Por que não, se têm tudo a perder, diante de uma educação ruim? Pais e alunos são prejudicados por um ensino que não ensina. Igualmente, se os empregadores recebem mão de obra despreparada, é porque a escola é ruim. Portanto, em um sistema educacional maduro, dentro de uma lógica de *checks and balances*, são essenciais as cobranças por parte dos interessados, diretos e indiretos. Assim é nos países de melhor educação: todos cobram impiedosamente.

Infelizmente não é assim no Brasil. As origens desse descaso se perdem na história de um país sem tradições nessa área, fechando o círculo vicioso.

Pesquisas recentes mostraram que 70% dos pais acham boa a educação dos seus filhos. Respondem assim, justamente, os pais cuja educação foi fraca e que, por isso, não têm bons padrões de comparação. Diante do ensino de seus filhos, até que podem ter razão, pois estudaram em escolas ainda piores. Os 30% de descontentes são os mais educados. Por isso sabem que a educação é ruim. Contudo, muitos deles têm seus filhos em escolas privadas, bastante melhores. Por isso não têm uma motivação direta para protestar.

Quando os pais vão à escola para reclamar, é porque seus filhos foram punidos, porque o professor exigiu demais ou coisas no gênero. Jamais vão para exigir que a escola seja mais rígida, que se coíba a "cola" ou que passe mais deveres de casa.

Se os governantes não ouvirem protestos firmes e zangados, por que iriam se desgastar politicamente, para melhorar o ensino? Afinal, que benefícios políticos auferiram, melhorando o que seus eleitores já acham bom? De fato, melhorar o ensino requer impor sacrifícios maiores a todos os interessados, incluindo pais, alunos e professores. Se os pais não vão à escola reclamar disso ou daquilo, por que o diretor iria infernizar a vida dos seus professores com cobranças que exigem mais trabalho, mais dedicação, mais aperfeiçoamento pessoal?

A intelectualidade brasileira, por décadas, se perdeu em diatribes ideológicas, discussões de sistemas políticos ou econômicos ou teorias intergaláticas. Quando reclamam, não costuma ser do cotidiano da escola, mas de conspirações, de forças sociais nefandas, de teorias de reprodução de sistemas sociais ou coisas do gênero.

Faltou mencionar os empresários, para cujas empresas vão as vítimas do nosso sistema educativo. Mas o caso é curioso e pouco auspicioso.

Quando suas esposas voltam do mercado e descobrem que compraram feijão bichado, voltam como jararacas e exigem a devolução do dinheiro. Elas estão certas, não aceitam comprar gato por lebre. Mas por que então o empresariado brasileiro recebe educação bichada e nada faz?

A classe empresária teria a faca e o queijo nas mãos para atuar e fazer a diferença. Por que não reclamam do ministro ou dos secretários? Por que não visitam as escolas para saber o que está acontecendo? Por que não condicionam seu apoio político ou financeiro àqueles que façam mais pelo ensino?

Felizmente alguma coisa está acontecendo. Movimentos como o Todos pela Educação e o Educar para Crescer (e outros) são passos exemplares na direção certa. De fato, alguns empresários estão agindo. Mas a maioria continua passiva. As associações de classe fazem questão de incluir algumas palavras de ordem, reivindicando melhor educação, fazendo um evento ou outro, ou coisas do gênero. Mas, olhando mais de perto, são iniciativas pouco prestigiadas nas suas próprias agendas. Já vi ser preterido da agenda de uma federação empresarial importante um belo documento de propostas para o ensino brasileiro, assinado por figuras respeitadas. Segundo um empresário, seus colegas estavam mais interessados nas alíquotas dos impostos e não apreciariam que se gastasse tempo do evento com esse assunto.

Não tenhamos dúvidas, um bom ensino está mais do que ao alcance da sociedade brasileira. Onde houve empenho, as coisas aconteceram.

Exemplo flagrante é nossa pós-graduação, capaz de garantir para o Brasil mais de 2% da pesquisa mundial. Essa proporção é superior à nossa participação no comércio internacional.

Para oferecer à nossa juventude um bom ensino, basta cuidar com desvelo do feijão com arroz, descrito aqui. Nada complicado demais. Nada que não sejamos capazes de fazer. Mas, se não fazemos, é porque a sociedade não exige que seja feito. É imperativo quebrar esse círculo vicioso de pouco desempenho e pouca cobrança.

Qualidade da educação, inclusão econômico-social e crescimento

*Fernando Veloso**

---

*Pesquisador do Ibre (FGV).

INTRODUÇÃO

DESDE MEADOS DA década de 1990, houve uma evolução de vários indicadores educacionais no Brasil. Nesse período, foi praticamente universalizado o acesso ao Ensino Fundamental, e houve uma expansão significativa do Ensino Médio. No entanto, a qualidade da educação ainda é muito baixa, tanto em termos do nível de aprendizado adequado a cada série como em comparação com outros países. Além disso, existe uma elevada desigualdade de desempenho educacional, e uma grande parcela de crianças e jovens não possui o nível mínimo de conhecimento necessário para inserir-se de forma plena na economia moderna, baseada na criação e adoção de tecnologias sofisticadas.

O desafio nos próximos anos será complementar o acesso à escola com políticas que assegurem um nível elevado de qualidade da educação para todos. Disso dependerão nossas perspectivas de crescimento econômico sustentado com inclusão social.

Este artigo está dividido em seis seções, incluindo esta introdução. A segunda seção descreve a relação entre qualidade da educação, inclusão econômico-social e crescimento econômico. Também é feita uma comparação entre os indicadores educacionais do Brasil e de outros países, com ênfase nas diferenças entre as dimensões de quantidade e qualidade. A terceira seção descreve de forma sucinta o sistema brasileiro de avaliação da Educação Básica, enquanto a quarta analisa os mecanismos de financiamento da Educação Básica e a evolução recente dos gastos públicos nesse setor. A quinta seção discute algumas políticas educacionais que podem contribuir para melhorar a qualidade da educação e aumentar a inclusão econômico-social no Brasil. A sexta apresenta algumas considerações finais.

RELAÇÃO ENTRE QUALIDADE DA EDUCAÇÃO, INCLUSÃO ECONÔMICO-SOCIAL E CRESCIMENTO

A importância da inclusão econômico-social para o desenvolvimento humano é amplamente reconhecida. Recentemente vários estudos mostraram que a inclusão também é essencial para o crescimento econômico sustentado. Por exemplo, Daron Acemoglu e James Robinson mostram que os países que se tornaram desenvolvidos foram aqueles que criaram instituições políticas e econômicas inclusivas.[1] Essas instituições criaram as bases da prosperidade através da inserção ampla e efetiva da população no processo produtivo.

Como argumenta Michael Spence, o crescimento econômico é um processo de aprendizado no qual novas tecnologias e produtos são continuamente descobertos e tornam os processos anteriores obsoletos.[2] Para que essa dinâmica funcione de forma adequada, ela deve ser inclusiva, tanto sob o ponto de vista de incorporar consumidores que demandarão novos produtos como de criar condições para que surjam empreendedores que satisfaçam essa demanda.

Outra dimensão importante da inclusão para o crescimento está relacionada à noção de justiça social. Uma sociedade na qual existe igualdade de oportunidades estará mais disposta a fazer os sacrifícios necessários para viabilizar os investimentos que geram crescimento econômico. Por outro lado, a percepção de que os benefícios do crescimento ou os custos de crises econômicas não estão sendo distribuídos de forma justa pode gerar dissenso ou mesmo conflitos sociais. Isso, por usa vez, é muito prejudicial para o crescimento. Além do aumento da incerteza, que reduz o investimento, as tensões sociais muitas vezes inviabilizam um consenso mínimo em torno de políticas que favoreçam a superação de crises e o crescimento sustentado.

Dentre as formas de inclusão econômico-social, a educação desempenha um papel fundamental. A educação eleva o nível de qualificação da população e, em função disso, aumenta a capacidade de inovação da

---

[1]Acemoglu e Robinson (2012).
[2]Spence (2011).

economia e facilita a adoção de tecnologias no processo produtivo. Ao longo do processo de desenvolvimento, a educação eleva o nível de renda e, com isso, favorece a inclusão de amplos segmentos da população no mercado consumidor. Além disso, ela cria condições para que os empreendedores sejam capazes de identificar novas oportunidades e os trabalhadores tenham flexibilidade para se adaptar diante das mudanças. Nesse sentido, a importância da educação aumenta na medida em que a economia fica mais complexa e as tecnologias tornam-se mais sofisticadas.

A despeito das diversas razões teóricas e dos casos de sucesso, somente na última década a relação empírica entre educação e crescimento foi claramente estabelecida. O processo por meio do qual isso ocorreu contribuiu de forma importante para a compreensão do papel da educação na elevação do padrão de vida da população.

Em conhecido estudo publicado no início da década passada, Lant Pritchett mostrou que, apesar de vários indicadores educacionais terem melhorado significativamente nas últimas décadas em vários países da África e da América Latina, o crescimento desses países foi nulo ou mesmo negativo durante o mesmo período.[3] Esse "paradoxo da educação" foi confirmado por outros estudos, o que motivou uma série de pesquisas.[4]

Dentre as várias explicações, a mais importante foi a que estabeleceu a importância crucial da qualidade da educação. Em várias pesquisas, Eric Hanushek mostrou que o nível de aprendizado dos alunos, medido pelo seu desempenho em testes padronizados de matemática e ciências, tem um grande impacto no crescimento econômico. Além disso, a qualidade da educação tem um efeito muito maior no crescimento do que medidas de quantidade, como taxas de matrícula e número de anos de estudo.

Segundo Hanushek, o fraco crescimento econômico da América Latina em comparação aos países do Sudeste Asiático deveu-se em grande medida ao fato de que, apesar dos progressos em indicadores

---

[3]Pritchett (2001).
[4]Ver discussão em Easterly (2001).

de quantidade, a qualidade da educação nos países latino-americanos ainda é muito baixa.[5]

Diante do extraordinário crescimento chinês desde o final da década de 1970, é interessante comparar alguns indicadores educacionais do Brasil e da China. Como mostra o Gráfico 1, embora a escolaridade chinesa tenha crescido mais que a brasileira entre 1960 e 1980, o Brasil reduziu a distância a partir do início da década de 1980, e em 2009 nossa escolaridade era pouco inferior à da China.

GRÁFICO 1
EVOLUÇÃO DA ESCOLARIDADE MÉDIA DA POPULAÇÃO COM
15 ANOS OU MAIS DE IDADE — BRASIL E CHINA, 1960-2009

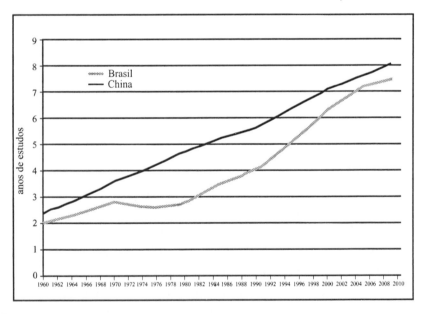

FONTE: Barro e Lee (2010).

Embora a escolaridade média da população brasileira seja similar à da China, nossa qualidade da educação é muito baixa. A última edição do *Programme for International Student Assessment* (PISA), realizada

---

[5]Hanushek e Woessmann (2009).

em 2009, avaliou o desempenho de estudantes de 15 anos em exames de proficiência em leitura, matemática e ciências. Alunos de 65 países participaram da avaliação. A província de Xangai, na China, foi a primeira colocada em todas as disciplinas avaliadas. O Brasil ficou na 53ª colocação em leitura e ciências, e na 57ª posição em matemática (Tabela 1). Embora o desempenho dos alunos de Xangai não seja representativo dos alunos chineses como um todo, o Brasil ficaria muito distante mesmo se fosse representado pela sua unidade federativa de melhor desempenho (Distrito Federal).

TABELA 1
CLASSIFICAÇÃO NO PISA, 2009

Países	Leitura	Matemática	Ciências
Brasil	53	57	53
Xangai-China	1	1	1
Coreia do Sul	2	4	6
Finlândia	3	6	2
Estados Unidos	17	31	23
Chile	44	49	44
México	48	50	50
Argentina	58	55	55

FONTE: OCDE (2010a).

Um relatório da OCDE sobre a última edição do PISA apresenta indicadores do grau de equidade do sistema educacional dos países participantes.[6] Os três primeiros colocados no exame de leitura apresentam elevada equidade no desempenho escolar. Em Xangai, apenas 4% dos estudantes tiveram desempenho abaixo do nível básico de proficiência. Na Coreia do Sul e na Finlândia, somente 6% e 8% dos alunos, respectivamente, ficaram abaixo do nível básico. Por outro lado, no Brasil, quase 50% dos estudantes tiveram desempenho abaixo do nível básico em leitura. Em matemática, a situação foi ainda pior, com 69% de jovens abaixo do nível básico (Tabela 2).

[6]OCDE (2010b).

TABELA 2

PROPORÇÃO DE JOVENS COM DESEMPENHO ABAIXO DO
NÍVEL BÁSICO DE PROFICIÊNCIA NO PISA 2009

[em %]

Países	Leitura	Matemática	Ciências
Brasil	49,6	69,1	54,2
Xangai-China	4,1	4,8	3,2
Coreia do Sul	5,8	8,1	6,3
Finlândia	8,1	7,8	6,0
Estados Unidos	17,7	23,4	18,1
Chile	30,6	51,1	32,3
México	40,1	50,8	47,3
Argentina	51,6	63,6	52,4

FONTE: OCDE (2010b).

Os dados recentes do Índice de Desenvolvimento Humano (IDH) confirmam que, embora o Brasil esteja fazendo progresso em seus indicadores sociais, o país ainda se distingue no contexto internacional pela elevada desigualdade. O Gráfico 2 mostra que, em 2011, o IDH do Brasil ficou no nível esperado para países com mesmo nível de renda per capita. O Gráfico 3 mostra que, no que diz respeito ao indicador de educação que compõe o IDH, baseado na escolaridade média da população, o Brasil também ficou no nível esperado para países com nível de desenvolvimento similar.[7]

No entanto, como mostra o Gráfico 4, quando o IDH é corrigido pelo grau de desigualdade de renda, educação e saúde, nosso desenvolvimento humano está abaixo do padrão esperado.

---

[7]Isso representa um progresso significativo em relação a 1980, quando o IDH do Brasil, assim como seus componentes de saúde e educação, encontravam-se abaixo do esperado para países com nível similar de renda per capita.

GRÁFICO 2
RELAÇÃO ENTRE O ÍNDICE DE DESENVOLVIMENTO
HUMANO (IDH) E RENDA PER CAPITA, 2011

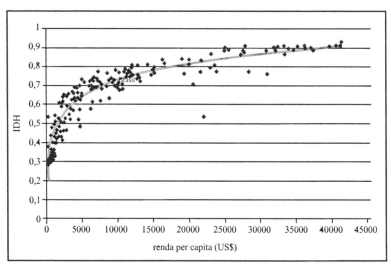

FONTE: PNUD (2011).

GRÁFICO 3
RELAÇÃO ENTRE COMPONENTE DE EDUCAÇÃO DO
ÍNDICE DE DESENVOLVIMENTO HUMANO (IDH)
E RENDA PER CAPITA, 2011

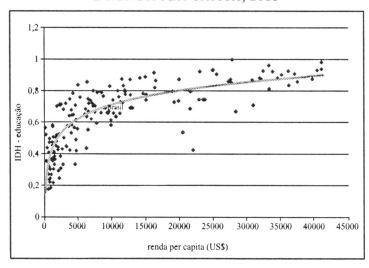

FONTE: PNUD (2011).

GRÁFICO 4
RELAÇÃO ENTRE O ÍNDICE DE DESENVOLVIMENTO
HUMANO (IDH) AJUSTADO PELA DESIGUALDADE
E RENDA PER CAPITA, 2011

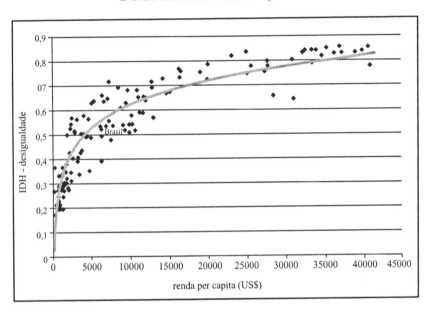

FONTE: PNUD (2011).

Embora a escolaridade média da população brasileira esteja dentro do padrão esperado para países com nível similar de renda per capita, a qualidade da educação no Brasil é inferior ao que seria de se esperar diante do nosso nível de desenvolvimento, como mostra o Gráfico 5.

Outros indicadores também revelam que o Brasil tem feito progresso no que diz respeito ao acesso à educação, mas enfrenta dificuldades em melhorar a qualidade do ensino. Desde meados da década de 1990, o acesso ao Ensino Fundamental no Brasil foi praticamente universalizado. Em 2009, 98% das crianças entre 6 e 14 anos frequentavam a escola. Entre 1995 e 2009, também verificou-se um importante aumento na taxa de atendimento dos jovens entre 15 e 17 anos. Em 1995, 64% dos jovens nessa faixa etária frequentavam a escola. Esse percentual elevou-se para 85% em 2009.[8]

---

[8]Ver IBGE (2010).

GRÁFICO 5
RELAÇÃO ENTRE A NOTA DE MATEMÁTICA NO
PISA E A RENDA PER CAPITA, 2009

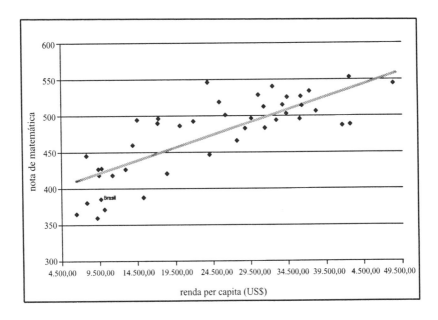

FONTE: Os dados de renda per capita foram obtidos da Penn World Table 7.0. Os dados da nota de matemática foram obtidos do PISA 2009.

Houve também um aumento expressivo nas taxas de conclusão do Ensino Fundamental e do Ensino Médio. Em 1995, apenas 29% dos jovens com 16 anos haviam concluído o Ensino Fundamental. Em 2009, esse percentual elevou-se para 63%. No mesmo período, a proporção de jovens de 19 anos com Ensino Médio completo elevou-se de 17% para 50% (Gráfico 6).[9]

---

[9]Ver Todos pela Educação (2011).

Gráfico 6
EVOLUÇÃO DA PROPORÇÃO DE JOVENS COM ENSINO FUNDAMENTAL COMPLETO AOS 16 ANOS E ENSINO MÉDIO COMPLETO AOS 19 ANOS, 1995-2009

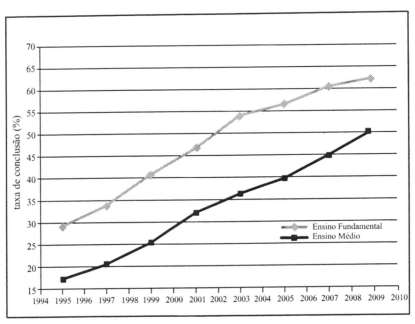

Fonte: Todos pela Educação (2011).

A evolução dos indicadores de qualidade nesse período é bem menos favorável. O Gráfico 7 mostra que, entre 1995 e 2001, ocorreu uma queda significativa da proporção de alunos da 4ª e 8ª séries (5º e 9º anos) do Ensino Fundamental e da 3ª série do Ensino Médio com desempenho adequado em língua portuguesa.[10] Entre 2001 e 2007, verificou-se uma relativa estagnação da proporção de alunos com desempenho adequado na 8ª série do Ensino Fundamental e 3ª série do Ensino Médio, e uma pequena recuperação na 4ª série do Ensino Fundamental.

---

[10] Os dados de qualidade da educação baseiam-se na definição de desempenho adequado para cada série adotada pelo movimento Todos pela Educação. Para maiores detalhes, ver *Todos pela Educação* (2011).

GRÁFICO 7
EVOLUÇÃO DO DESEMPENHO DOS ALUNOS DO ENSINO
FUNDAMENTAL E ENSINO MÉDIO EM LÍNGUA
PORTUGUESA, 1995-2009

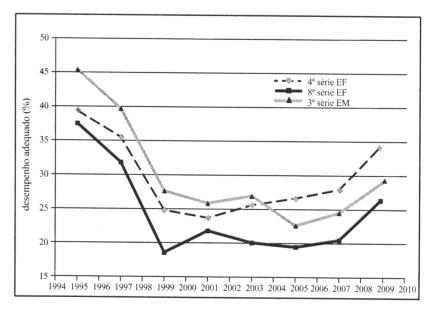

FONTE: Todos pela Educação (2011).

Entre 2007 e 2009, houve uma melhoria do desempenho em todas as séries. No entanto, a proporção de estudantes com desempenho adequado ainda é muito baixa. Em 2009, apenas 34% dos alunos da 4ª série (5º ano) do Ensino Fundamental tiveram desempenho adequado para a sua série em língua portuguesa. Esses percentuais também foram muito baixos na 8ª série (9º ano) do Ensino Fundamental (26%) e na 3ª série do Ensino Médio (29%). Os resultados foram ainda piores em matemática. Em 2009, somente 33% dos alunos da 4ª série (5º ano) do Ensino Fundamental tiveram desempenho adequado para a sua série, enquanto na 8ª série (9º ano) do Ensino Fundamental e na 3ª série do Ensino Médio esses percentuais foram de 15% e 11%, respectivamente.

Existem evidências de que a queda da medida de qualidade da educação decorreu principalmente devido a uma mudança no perfil dos alunos, associada a uma redução expressiva do atraso escolar.[11] Além disso, a piora do desempenho está em parte associada à incorporação ao sistema educacional de crianças e jovens provenientes de ambientes socioeconômicos mais desfavoráveis.

É importante observar, no entanto, que para a educação propiciar inclusão econômico-social de forma efetiva é preciso que o sistema educacional ofereça educação de qualidade para todos. Nesse sentido, as dimensões de quantidade e qualidade da educação devem ser vistas como complementares e não substitutas. Em particular, é preciso inicialmente universalizar o acesso à educação fundamental, e em seguida assegurar que o nível de aprendizado seja elevado.[12] Para isso é preciso construir um sistema de avaliação da Educação Básica, como descrito a seguir.

SISTEMA DE AVALIAÇÃO DA EDUCAÇÃO BÁSICA

Uma inovação fundamental da política educacional no Brasil desde meados da década de 1990 foi a criação de um sistema de avaliação da Educação Básica.[13] Uma iniciativa importante nesse sentido foi a reformulação do Sistema Nacional de Avaliação da Educação Básica (Saeb) em 1995, que permitiu a comparabilidade dos seus resultados ao longo do tempo. Além disso, o exame tornou-se bienal e as provas passaram a ser aplicadas à 4ª e 8ª séries (5º e 9º anos) do Ensino Fundamental e à 3ª série do Ensino Médio, em matemática e língua portuguesa, o que permitiu que a qualidade do Ensino Médio também fosse avaliada.

O Saeb é um exame amostral, ou seja, não são avaliadas todas as escolas. Em função disso, embora o Saeb seja uma ferramenta importante de avaliação da Educação Básica, ele não permite que sejam detectados

---

[11]Ver Fernandes e Natenzon (2003).

[12]Essa estratégia foi seguida pela Coreia do Sul e outros países que tiveram êxito em oferecer educação de qualidade para toda a população. Para uma descrição da experiência coreana, ver Banco Mundial (2002).

[13]Para uma discussão sobre a construção do sistema de avaliação da Educação Básica no Brasil, ver Veloso (2009) e Fernandes e Gremaud (2009).

os problemas de aprendizagem de cada escola e, consequentemente, não pode ser utilizado como mecanismo de responsabilização.

Em 2005, foi criada a Prova Brasil, que avalia o aprendizado dos alunos de todas as escolas públicas urbanas da 4ª e 8ª séries (5º e 9º anos) do Ensino Fundamental em língua portuguesa e matemática. Uma diferença fundamental em relação ao Saeb é que a Prova Brasil tem caráter censitário, o que permite que sejam elaborados mecanismos de responsabilização das escolas em função dos seus resultados.

Em 2007, foi criado o Índice de Desenvolvimento da Educação Básica (Ideb). O Ideb é um indicador construído para escolas e redes públicas, municípios e unidades da Federação, que combina os resultados da Prova Brasil/Saeb com a taxa de aprovação, obtida a partir de dados do Censo Escolar. A razão para combinar os dois indicadores é evitar possíveis distorções, como o estímulo à evasão de alunos de pior desempenho para obter uma nota maior na Prova Brasil. Por outro lado, escolas que deixam de reprovar seus alunos para tentar aumentar a taxa de aprovação estão sujeitas a uma queda nas notas da Prova Brasil e uma consequente redução do Ideb.

No mesmo ano, o Plano de Metas Compromisso Todos pela Educação, do Ministério da Educação, estabeleceu metas de desempenho no Ideb para o país, redes de ensino e escolas públicas até 2021 (divulgação em 2022), criando um sistema de responsabilização nacional. Também foram criadas metas intermediárias a cada dois anos, para que seja acompanhada a trajetória em direção ao cumprimento das metas de longo prazo.

Como mostra a Tabela 3, o Ideb correspondente às séries iniciais do Ensino Fundamental (5º ano) elevou-se de 3,8 para 4,6 entre 2005 e 2009, superando a meta de 4,2 para 2009. Também foram verificados progressos no Ideb correspondente às séries finais do Ensino Fundamental (9º ano), que se elevou de 3,5 para 4,0 entre 2005 e 2009, superando a meta de 3,7 para 2009. No Ensino Médio, no entanto, o aumento do Ideb foi menos expressivo, com uma elevação de 3,4 em 2005 para 3,6 para 2009, embora tenha sido atingida a meta de 3,5 para 2009.

Tabela 3
ÍNDICE DE DESENVOLVIMENTO DA EDUCAÇÃO BÁSICA (IDEB) OBSERVADO E PROJETADO SEGUNDO O NÍVEL DE ENSINO — BRASIL

Nível de Ensino	Ideb observado			Metas projetadas						
	2005	2007	2009	2009	2011	2013	2015	2017	2019	2021
Séries iniciais do Ensino Fundamental	3,8	4,2	4,6	4,2	4,6	4,9	5,2	5,5	5,7	6,0
Séries finais do Ensino Fundamental	3,5	3,8	4,0	3,7	3,9	4,4	4,7	5,0	5,2	5,5
Ensino Médio	3,4	3,5	3,6	3,5	3,7	3,9	4,3	4,7	5,0	5,2

Fonte: INEP/MEC.

Na medida em que cada unidade de ensino tem a qualidade da educação oferecida mensurada pelo Ideb, as escolas podem ser cobradas em função do seu desempenho, o que contribui para melhorar os resultados. Isso representou um avanço considerável no uso da avaliação, já que foi criado um sistema que permite que os problemas de qualidade no sistema educacional sejam detectados e as políticas sejam aprimoradas. Para que sejam obtidos melhores resultados, é preciso, no entanto, que os recursos sejam destinados às ações com maior potencial de elevar o aprendizado dos alunos, o que nos leva à discussão do financiamento e gasto público em educação.

FINANCIAMENTO E GASTO PÚBLICO EM EDUCAÇÃO

A Constituição de 1988 estabeleceu que a Educação Básica é responsabilidade dos estados e municípios, que devem destinar 25% de suas receitas de impostos e transferências à educação. Em 1996, a Lei de Diretrizes e Bases da Educação Nacional (LDB) estabeleceu as diretrizes da educação no Brasil. Os municípios devem oferecer a Educação Infantil em creches e pré-escolas e, com prioridade, o Ensino Fundamental. Os estados devem assegurar o Ensino Fundamental e oferecer, com prioridade, o Ensino Médio.

Em estados onde a rede municipal tinha uma grande participação no Ensino Fundamental, principalmente no Nordeste, a taxa de 25% da receita era excessiva para a rede estadual, mas insuficiente para a rede municipal. Além disso, o gasto por aluno em estados e municípios mais pobres era muito baixo. Em função disso, foram criados mecanismos de redistribuição de recursos da Educação Básica entre redes municipais e estaduais, de forma a reduzir a desigualdade do gasto por aluno e aumentar a eficiência da alocação de recursos.

Com esse objetivo, foi criado em 1996 o Fundo de Manutenção e Desenvolvimento do Ensino Fundamental e de Valorização do Magistério (Fundef), que foi implementado a partir de janeiro de 1998. O Fundef destinou 15% da arrecadação dos estados e municípios para a formação de um fundo fiscal, no âmbito de cada estado, cujos recursos foram distribuídos entre o estado e seus municípios de acordo com o número de alunos matriculados na rede local (estado ou município) de Ensino Fundamental. O Fundef também estabeleceu um valor mínimo nacional de gasto por aluno a ser observado para cada estado. Nos casos em que o estado não tivesse recursos para atingir o valor mínimo, foi estabelecida uma complementação por parte do governo federal. A emenda constitucional que criou o Fundef também determinou que 60% dos recursos do fundo deveriam ser destinados ao pagamento dos salários dos professores.

Embora o Fundef tenha tido um papel importante na expansão do Ensino Fundamental, seu mecanismo de distribuição de recursos passou a criar dificuldades para a expansão do Ensino Médio. Com o objetivo de corrigir essa distorção, entrou em vigor em 2007 o Fundo de Manutenção e Desenvolvimento da Educação Básica e de Valorização dos Profissionais da Educação (Fundeb), que substituiu o Fundef. O Fundeb consiste em um fundo de financiamento para a Educação

Básica em cada estado nos moldes do Fundef, mas incluindo a Educação Infantil, o Ensino Médio e a Educação de Jovens e Adultos (EJA). De forma similar ao Fundef, no Fundeb os recursos são distribuídos para as redes municipais e estaduais de acordo com o número de alunos matriculados em cada rede. Também foi estabelecido um gasto mínimo por aluno, que é complementado por recursos da União quando o estado não tem recursos para financiá-lo. Além disso, 60% dos recursos devem ser destinados ao pagamento dos salários dos professores. Além de permitir uma redistribuição dos recursos da Educação Básica entre todos os níveis de ensino, a lei de criação do Fundeb estabeleceu uma elevação significativa da complementação da União.

Em 2009, a Emenda Constitucional nº 59 estabeleceu a exclusão gradativa dos gastos públicos em educação do cálculo da Desvinculação das Receitas da União (DRU), o que elevará de forma expressiva os recursos para a educação. Por outro lado, a mesma emenda ampliou a obrigatoriedade do ensino para a faixa etária de 4 a 17 anos.

A Tabela 4 apresenta a evolução recente do gasto público em educação em relação ao PIB no Brasil, para os diversos níveis de ensino.[14] Como mostra a tabela, entre 2000 e 2005 o gasto público em educação foi relativamente estável, em torno de 3,9% do PIB. Desde então, esse valor elevou-se de forma significativa, atingindo 5,1% do PIB em 2010. Essa elevação do gasto ocorreu integralmente no nível básico de ensino (Ensino Infantil, Fundamental e Médio), que passou de 3,2% para 4,3% do PIB entre 2005 e 2010.

---

[14] O conceito de gasto utilizado é o de investimento público direto em educação, adotado pelo INEP/MEC. São incluídos nessa definição os valores despendidos em pessoal ativo e seus encargos sociais, despesas com pesquisa e desenvolvimento, transferências ao setor privado e outras despesas correntes e de capital. Não são incluídos os gastos com aposentadorias e pensões, investimentos com bolsas de estudo, financiamento estudantil e despesas com juros, amortizações e encargos da dívida da área educacional. Para maiores informações, ver http://www.inep.gov.br.

TABELA 4

GASTO PÚBLICO EM EDUCAÇÃO EM RELAÇÃO AO PIB,
POR NÍVEL DE ENSINO — BRASIL, 2000-2010

[em %]

Ano	Todos os níveis	Educação Básica	Educação Infantil	Ensino Fundamental		Ensino Médio	Educação Superior
				1ª à 4ª série	5ª à 8ª série		
2000	3,9	3,2	0,3	1,3	1,1	0,5	0,7
2001	4,0	3,3	0,3	1,3	1,1	0,6	0,7
2002	4,1	3,3	0,3	1,5	1,1	0,4	0,8
2003	3,9	3,2	0,3	1,3	1,0	0,5	0,7
2004	3,9	3,2	0,3	1,3	1,1	0,5	0,7
2005	3,9	3,2	0,3	1,4	1,1	0,4	0,7
2006	4,3	3,6	0,3	1,4	1,3	0,6	0,7
2007	4,5	3,8	0,4	1,5	1,4	0,6	0,7
2008	4,7	4,0	0,4	1,5	1,5	0,7	0,7
2009	5,0	4,2	0,4	1,5	1,5	0,7	0,7
2010	5,1	4,3	0,4	1,6	1,5	0,8	0,8

FONTE: INEP/MEC.

A Tabela 5 apresenta a evolução recente do gasto público em educação por aluno em relação à renda per capita no Brasil para os diversos níveis de ensino. Como mostra a tabela, o gasto por aluno na Educação Básica elevou-se de 11,7% para 18,8% da renda per capita entre 2003 e 2010. No mesmo período, o gasto por aluno no Ensino Superior caiu de 102,1% para 94,5% da renda per capita. A elevação do gasto na Educação Básica, combinada com a redução no Ensino Superior, reduziu a razão entre o gasto por aluno no Ensino Superior e na Educação Básica de 8,7 para 4,6 entre 2003 e 2010.

Diante da elevação nos últimos anos dos recursos destinados à educação, uma questão que se coloca é como o gasto público em educação no Brasil se compara com o de outros países. Como mostra o Gráfico 8, a seguir, países mais ricos, em geral, gastam mais em educação como proporção do PIB. No entanto, o gasto público em educação no Brasil está acima do esperado para um país com nosso nível de renda per capita. O que os dados mostram, portanto, é que o Brasil não gasta pouco em educação como proporção do PIB.

TABELA 5
GASTO PÚBLICO EM EDUCAÇÃO POR ALUNO EM RELAÇÃO AO PIB PER CAPITA, POR NÍVEL DE ENSINO — BRASIL, 2000-2010

[em %]

Ano	Todos os níveis	Educação Básica	Educação Infantil	Ensino Fundamental		Ensino Médio	Educação Superior
				1ª à 4ª série	5ª à 8ª série		
2000	14,1	11,7	13,4	11,5	11,6	11,2	129,6
2001	14,4	12,0	12,0	11,3	12,7	12,6	126,8
2002	14,5	12,0	11,4	13,3	12,3	8,9	120,9
2003	14,0	11,7	12,6	12,4	11,7	9,9	102,1
2004	14,1	12,0	12,8	12,7	12,8	8,8	98,6
2005	14,5	12,3	11,7	13,7	13,1	8,6	97,0
2006	16,0	13,9	12,0	14,3	15,7	11,1	92,6
2007	17,4	15,3	13,8	16,0	16,7	12,2	92,3
2008	18,7	16,5	13,8	17,3	18,4	13,3	92,3
2009	20,3	17,9	13,7	19,3	20,1	14,0	93,7
2010	21,5	18,8	15,5	20,3	20,5	15,6	94,5

FONTE: INEP/MEC.

Como a população em idade escolar no Brasil representa uma proporção mais elevada da população total que em outros países, nosso gasto por aluno como fração da renda per capita é menor que nos países desenvolvidos, embora a diferença tenha diminuído nos últimos anos, devido à elevação do gasto na Educação Básica, mostrada na Tabela 5. No entanto, a qualidade da educação obtida com esse gasto está muito abaixo do que se poderia esperar, como mostra o Gráfico 9. Isso indica que existe um grau de ineficiência elevado no sistema educacional brasileiro, e que a implementação de políticas adequadas pode contribuir de forma significativa para melhorar a qualidade da educação no país.

Gráfico 8
RELAÇÃO ENTRE O GASTO PÚBLICO EM EDUCAÇÃO EM RELAÇÃO AO PIB E A RENDA PER CAPITA, 2009

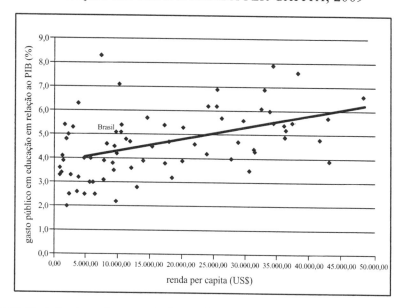

Fonte: Os dados de renda per capita foram obtidos da Penn World Table 7.0. Os dados de gasto público em Educação em relação ao PIB para o Brasil foram obtidos do INEP/MEC e são de 2010. Para os demais países, ver Unesco (2012).

POLÍTICAS PARA MELHORAR A QUALIDADE DA EDUCAÇÃO E AUMENTAR A INCLUSÃO ECONÔMICO-SOCIAL

Uma característica fundamental de sistemas educacionais bem-sucedidos é a elevada equidade no desempenho escolar. Países que se destacam em exames internacionais oferecem educação de qualidade para todos os alunos, independentemente de sua condição socioeconômica. Em particular, em províncias e países que tiveram excelente desempenho no PISA em 2009, como Xangai, Coreia do Sul e Finlândia, as condições socioeconômicas dos alunos têm baixa associação com o nível de aprendizagem, ao contrário de países com pior desempenho escolar. Também existe uma relação positiva entre melhoria do desempenho do sistema educacional e aumento da equidade. Na maioria dos países que tiveram elevação da pontuação no PISA entre 2000 e 2009, os ganhos de aprendizagem ocorreram principalmente entre os alunos com pior desempenho.

GRÁFICO 9
RELAÇÃO ENTRE A NOTA DE MATEMÁTICA NO PISA
E O GASTO PÚBLICO POR ALUNO NO ENSINO FUNDAMENTAL
EM RELAÇÃO AO PIB PER CAPITA, 2009

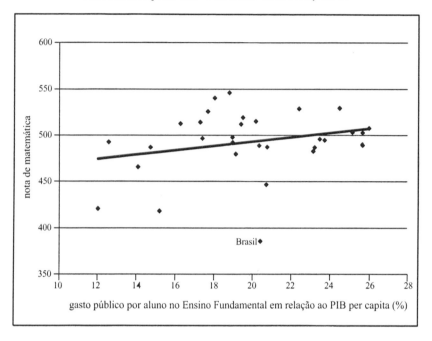

FONTE: Os dados de gasto público por aluno no Ensino Fundamental em relação ao PIB per capita para o Brasil foram obtidos do INEP/MEC e são de 2010. Para os demais países, ver Unesco (2012). Os dados de nota de matemática foram obtidos do PISA 2009.

Existem elementos comuns nas políticas dos países que conseguiram melhorar a qualidade e a equidade do sistema educacional. Em primeiro lugar, instrumentos de avaliação são utilizados de forma sistemática para obter informações sobre o desempenho de cada aluno e escola. Em segundo lugar, existem políticas específicas de monitoramento e apoio para os alunos e escolas com pior desempenho. Uma boa gestão é essencial para criar um sistema de avaliação, monitoramento e apoio eficaz para os estudantes e escolas com pior desempenho.

A reforma educacional de Xangai combinou esses elementos. Em 1978, a China iniciou um processo de abertura e liberalização econômica, e Xangai teve um papel de liderança nas reformas, incluindo a do sistema educacional. O objetivo da reforma foi elevar o aprendizado em sala de aula. O processo foi iniciado em meados da década de 1980 com uma reforma do currículo. O currículo atual tem três componentes: o currículo básico, implantado através das disciplinas obrigatórias; um segmento de disciplinas eletivas e um conjunto de atividades extracurriculares. Essa reforma do currículo foi complementada por mudanças na formação inicial e continuada dos professores e pela renovação do material pedagógico. Os exames de proficiência dos estudantes também foram redesenhados.

Outro elemento importante da reforma de Xangai foi a criação de um sistema de avaliação das escolas. O governo avalia as escolas em termos de sua infraestrutura física e da qualidade da educação oferecida. As informações sobre o desempenho das escolas são divulgadas de forma ampla, e a cobrança dos pais exerce uma forte pressão pela melhoria da qualidade da educação.

Várias estratégias foram desenvolvidas para melhorar o desempenho das piores escolas. Sob o ponto de vista financeiro, recursos públicos são transferidos para as escolas mais carentes, de forma a assegurar um nível mínimo de gasto por aluno. Professores e diretores de escolas urbanas de boa qualidade são transferidos para escolas rurais, que muitas vezes têm dificuldade de atrair professores. Uma estratégia mais recente é estabelecer um contrato de gestão, por meio do qual uma escola pública de boa qualidade assume, durante um determinado período, a gestão de uma escola pública com desempenho fraco.

Em essência, a reforma educacional de Xangai combinou elementos de responsabilização de professores e escolas com recursos para que as metas de qualidade do ensino sejam atingidas. Alguns aspectos da experiência de Xangai são específicos, como a valorização da educação na cultura chinesa, mas suas lições gerais são bastante relevantes para o Brasil e outros países que buscam melhorar a qualidade do ensino.

A discussão acima refere-se à gestão de sistemas educacionais. No nível da escola, estudos recentes mostram que uma combinação específica de ações pode elevar de forma expressiva o aprendizado de crianças e jovens criados em condições socioeconômicas desfavoráveis.[15] Essa abordagem, conhecida como *No Excuses*, caracteriza-se por uma maior duração do dia e ano letivo, seleção rigorosa de professores, avaliações frequentes de professores e alunos, e uma preocupação em estimular determinadas características de comportamento e gerar expectativas elevadas de desempenho.

Uma carga horária mais elevada é importante para compensar o efeito negativo sobre a aprendizagem decorrente de um ambiente familiar pouco estimulante. Dada a importância fundamental da qualidade do professor, é necessária uma seleção rigorosa de docentes. Por sua vez, as avaliações de professores e alunos permitem a identificação dos obstáculos à melhoria do ensino e a criação de mecanismos de responsabilização. Além disso, vários estudos mostram que determinados atributos de personalidade e comportamento, como disciplina, persistência, motivação e autoestima, contribuem para a melhoria do desempenho educacional e reduzem a probabilidade de envolvimento com drogas e atividades criminosas.

Nos Estados Unidos, o modelo *No Excuses* tem sido utilizado principalmente em escolas *charter*, que são escolas públicas com gestão privada. Um exemplo é o Knowledge is Power Program (KIPP), uma rede de escolas *charter* que atende predominantemente alunos de famílias pobres e minorias étnicas. Essa abordagem também é empregada pela maioria das escolas *charter* de Boston, Nova York e do Harlem Children's Zone, um experimento que combina ações na área de educação com programas sociais e comunitários.

O que caracteriza o modelo *No Excuses* é a sua combinação específica de ações, e não a forma de gestão (pública ou privada). Portanto, trata-se de uma intervenção educacional que pode ser replicada em diferentes contextos e dar uma contribuição importante para o aumento da equidade no desempenho escolar.

Também existem vários estudos que mostram que programas de Educação Infantil de qualidade são eficazes para melhorar o desempenho escolar de crianças criadas em ambientes socioeconômicos desfavorá-

---

[15] Ver Abdulkadiroglu et al. (2011) e Dobbie e Fryer (2011). Para uma discussão detalhada, ver Veloso (2011).

veis.[16] Esses programas também contribuem para o estímulo de determinadas características de comportamento e traços de personalidade, como a sociabilidade e autoestima.

As intervenções bem-sucedidas de Educação Infantil envolvem uma combinação de características que são similares, em vários aspectos, ao modelo *No Excuses*. Os professores recebem treinamento intensivo e possuem formação específica para lecionar no segmento de Educação Infantil. Outra característica importante é um baixo número de crianças por professor, para permitir que os professores dediquem uma atenção diferenciada para cada criança. Além disso, existe uma estrutura curricular que estabelece uma rotina de ensino bem planejada. Finalmente, existe um grande esforço em envolver os pais na educação de seus filhos.

CONCLUSÃO

Desde meados da década de 1990, o Brasil fez progressos significativos em indicadores de quantidade de educação, como taxas de frequência escolar e de conclusão. No entanto, a qualidade da educação ainda é baixa, e tem avançado de forma lenta, particularmente no Ensino Médio. No que diz respeito à política educacional, ocorreram progressos significativos na elaboração de instrumentos de avaliação, que culminaram na criação de um sistema de responsabilização do governo federal, além de alguns sistemas de responsabilização estaduais. Além disso, foi criado um sistema de financiamento que propiciou um aumento significativo dos gastos públicos em educação.

O próximo passo consiste em utilizar a avaliação dos resultados para canalizar os recursos disponíveis para iniciativas que possam melhorar de forma significativa a qualidade do ensino, e com isso aumentar a inclusão econômico-social e o crescimento econômico.

---

[16]Para uma descrição e análise de intervenções de Educação Infantil bem-sucedidas, ver Araújo et al. (2009).

Existem elementos comuns nas políticas dos países que conseguiram melhorar a qualidade e a equidade do sistema educacional. Em primeiro lugar, instrumentos de avaliação são utilizados de forma sistemática para obter informações sobre o desempenho de cada aluno e escola. Segundo, existem políticas específicas de monitoramento e apoio para os alunos e escolas com pior desempenho.

No nível da escola, estudos recentes mostram que uma combinação específica de ações pode elevar de forma expressiva o aprendizado de crianças e jovens criados em condições socioeconômicas desfavoráveis. Essa abordagem, conhecida como *No Excuses*, caracteriza-se por uma maior duração do dia e ano letivo, seleção rigorosa de professores, avaliações frequentes de professores e alunos, e uma preocupação em estimular determinadas características de comportamento e gerar expectativas elevadas de desempenho. As intervenções bem-sucedidas de Educação Infantil envolvem uma combinação de características que são similares, em vários aspectos, ao modelo *No Excuses*.

Embora promissoras, essas intervenções bem-sucedidas não são de fácil implementação. Sob o ponto de vista do sistema educacional, elas dependem crucialmente de uma boa gestão, que seja capaz de identificar os problemas de cada escola e canalizar os recursos de forma eficaz para resolvê-los. Outro aspecto importante é que, embora as escolas possam elevar o aprendizado de seus alunos por meio de uma seleção rigorosa de professores, isso é mais difícil de realizar na rede pública como um todo. De fato, segundo Roland Fryer, essa tem sido a principal restrição à tentativa de redes públicas dos Estados Unidos de replicar em larga escala as experiências de sucesso.[17] Além disso, o aumento da carga horária resulta em elevação do gasto por aluno.

Apesar das dificuldades e dos custos de implementação em larga escala, os programas bem-sucedidos de intervenção educacional em ambientes socioeconômicos desfavoráveis possuem, em geral, benefícios muito superiores aos custos. Portanto, trata-se de uma política educacional que pode ao mesmo tempo aumentar o crescimento econômico e reduzir a desigualdade social.

---

[17] Ver Fryer (2011).

REFERÊNCIAS BIBLIOGRÁFICAS

ABDULKADIROGLU, Atila; ANGRIST, Joshua; DYNARSKY, Susan; KANE, Thomas e PATHAK, Parag (2011). "Accountability and Flexibility in Public Schools: Evidence from Boston's Charters and Pilots." *Quarterly Journal of Economics*, 126 (2), p. 699-748.

ACEMOGLU, Daron e ROBINSON, James (2012). *Why Nations Fail: The Origins of Power, Prosperity, and Poverty*. Nova York: Crown Business.

ARAÚJO, Aloísio; CUNHA, Flávio; HECKMAN, James e MOURA, Rodrigo (2009). "A Educação Infantil e sua importância na redução da violência." In: VELOSO, Fernando, PESSÔA, Samuel; HENRIQUES, Ricardo e GIAMBIAGI, Fabio (orgs.). *Educação Básica no Brasil: construindo o país do futuro*. Rio de Janeiro: Campus/Elsevier, p. 95-116.

BANCO MUNDIAL (2002). *Brazil: The New Growth Agenda*. Detailed Report, v. II.

BARRO, Robert e LEE, Jong-Wha (2010). "A New Data Set of Educational Attainment in the World, 1950-2010." *NBER Working Paper* n° 15.902.

DOBBIE, Will e FRYER, Roland (2011). "Are High-Quality Schools Enough to Increase Achievement Among the Poor? Evidence from the Harlem Children's Zone." *American Economic Journal: Applied Economics*, 3 (3), p. 158-187.

EASTERLY, William (2001). *The Elusive Quest for Growth: Economists' Adventures and Misadventures in the Tropics*. Cambridge, Massachusetts: The MIT Press.

FERNANDES, Reynaldo e GREMAUD, Amaury (2009). "Qualidade da Educação: Avaliação, Indicadores e Metas." In: VELOSO, Fernando; PESSÔA, Samuel; HENRIQUES, Ricardo e GIAMBIAGI, Fabio (orgs.). *Educação Básica no Brasil: construindo o país do futuro*. Rio de Janeiro: Campus/Elsevier, p. 213-238.

————. e NATENZON, Paulo (2003). "A evolução recente do rendimento escolar das crianças brasileiras: uma reavaliação dos dados do Saeb". *Estudos em Avaliação Educacional*, n° 28, p. 3-22.

FRYER, Roland (2011). "Injecting Successful Charter School Strategies into Traditional Public Schools: Early Results from an Experiment in Houston." *NBER Working Paper* n° 15.902.

HANUSHEK, Eric e WOESSMANN, Ludger (2009). "Schooling, Cognitive Skills, and the Latin American Growth Puzzle." *NBER Working Paper* n° 15.066.

IBGE (2010). Síntese dos indicadores sociais.

OCDE (2010a). *PISA 2009 at a Glance*, OECD Publishing.

————. (2010b). *PISA 2009 Results: Overcoming Social Background — Equity in Learning Opportunities and Outcomes* (Volume II).

PNUD (2011). *Sustainability and Equity: A Better Future for All. Human Development Report 2011*.

PRITCHETT, Lant (2001). "Where Has All the Education Gone?" *The World Bank Economic Review* 15 (3): 367-391.

SPENCE, Michael (2011). *The Next Convergence: The Future of Economic Growth in a Multispeed World.* Nova York: Farrar, Straus and Giroux.

TODOS PELA EDUCAÇÃO (2011). *De Olho nas Metas: Quarto Relatório de Acompanhamento das 5 Metas do Movimento Todos pela Educação.*

UNESCO (2012). Instituto de Estatísticas da Unesco; http://www.uis.unesco.org.

VELOSO (2009). "15 Anos de Avanços na Educação no Brasil: Onde Estamos?" In: VELOSO, Fernando; PESSÔA, Samuel; HENRIQUES, Ricardo e GIAMBIAGI, Fabio (orgs.). *Educação Básica no Brasil: construindo o país do futuro.* Rio de Janeiro: Campus/Elsevier, p. 3-24.

_____.(2011). "A evolução recente e propostas para a melhoria da Educação no Brasil." In: BACHA, Edmar e SCHWARTZMAN, Simon (orgs.). *Brasil: a nova agenda social.* Editora LTC, p. 215-253.

Integração de educação, ciência, tecnologia e inovação

*Sérgio Mascarenhas**

---

*Presidente de honra da SBPC.
Dedico esta modesta contribuição aos pioneiros da Educação Integrada com Ciência, Tecnologia e Inovação: Anísio Teixeira, José Reis e Crodowaldo Pavan, com os quais tive a honra de trabalhar e aprender.

ESCOLA DE ATENAS

A *ESCOLA DE ATENAS*, de Rafael (1483-1520), mural na *Stanza della Segnatura* nos Musei Vaticani, é poderosa expressão da cultura da Alta Renascença Italiana, com seus 56 personagens de muitas áreas interdisciplinares que podemos aplicar como símbolo ciência-arte aos problemas atuais do mundo globalizado do século XXI. As duas figuras centrais, Platão, com o polegar apontando para cima, para o mundo da abstrações teórico-filosóficas e Aristóteles, com a mão espalmada para baixo, para o mundo da natureza, simbolizam, entretanto, a meu ver, a complementaridade epistemológica da Teoria e da Experimentação Empírica, necessárias para a interpretação da Natureza e, portanto, como fundamentos filosóficos (*pax philosofica*) para a Educação.

Lembro aqui a famosa frase de Einstein: "A teoria sem experimentação é vazia, mas a experimentação sem a teoria é cega." No século XXI, dos sistemas complexos e da Economia do Conhecimento, essas metáforas passam a se transformar em verdadeiras ferramentas para as metodologias de gestão e planejamento estratégico.

SÉCULO XXI — DESENVOLVIMENTO HUMANO E HUMANISMO, NOVO PARADIGMA: ECONOMIA DO CONHECIMENTO

Enquanto no século XX, tanto na Educação como na cultura em geral, se sentiu o profundo *gap* entre humanismo e ciência e tecnologia, motivando tema para o célebre livro de C. P. Snow, *The Two Cultures*, ocorria também uma veloz convergência entre as duas culturas, uma saída dos gregos ao Renascimento, ao Iluminismo e demais fases; outra saída dos gregos à tecnologia da engenharia romana, à ciência moderna com Galileu e Newton, passando celeremente pelas grandes revoluções da Teoria da Evolução de Darwin à Revolução da física (quântica e relativista) da era atômica, da microeletrônica à informática, do DNA e do genoma humano, da metamatemática aos sistemas complexos de sistemas de sistemas.

FIGURA 1
SÉCULO XXI
TERCEIRA CULTURA: HUMANISMO E CIÊNCIAS

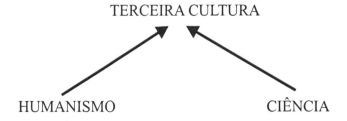

FONTE: C. P. Snow (1959).

Chegamos ao século XXI consolidando um novo paradigma do conhecimento que é a base estrutural da terceira cultura prevista por C. P. Snow.

Essa cultura leva também a novos paradigmas para a Educação e sua integração com ciência, tecnologia e inovação, tema de nossas considerações.

TRIÂNGULO DE SÁBATO: GOVERNO, UNIVERSIDADE (INSTITUTO DE PESQUISA) E EMPRESA
MODELO TETRAÉDRICO MASCARENHAS: GESTÃO E PLANEJAMENTO ESTRATÉGICO

Para compreendermos a projeção desses conceitos para sua aplicação em ciências sociais, apoiados nos cenários evolutivos brevemente descritos anteriormente, falta-nos um cenário metodológico relativo a como aplicar esses conceitos na própria estruturação dinâmica da sociedade, expressa pelos seus mecanismos sinergéticos de interação das instituições que operam nas estruturas sociais para o seu funcionamento e desejado desenvolvimento virtuoso socioeconômico-cultural.

O grande pensador, cientista e político da ciência, tecnologia e inovação, o argentino Jorge Sábato, propôs o que se chamou de Triângulo de Sábato: para o desenvolvimento virtuoso, seriam essenciais as conexões interativas entre Estado-Empresa, Empresa-fontes do conhecimento (universidades, instituições de pesquisa, desenvolvimento, inovação) e Estado-fontes de conhecimento citadas.

FIGURA 2
TRIÂNGULO DE SÁBATO

Entretanto, a meu ver, o Triângulo de Sábato não é suficiente; minha interpretação leva-nos a um tetraedro cujo vértice representa gestão associada obviamente a planejamento estratégico, sem o que ciência, tecnologia e inovação perdem seu caráter social de sustentabilidade temporal e passam a ser apenas contingenciais e de alto risco de crises caóticas destrutivas e de alta irreversibilidade, como se diria na termodinâmica dos sistemas complexos.

SÉCULO XX — CONVERGÊNCIA CIÊNCIA E TECNOLOGIA
SÉCULO XXI — CONHECIMENTO INTERDISCIPLINAR

Outro cenário fundamental a ser reconhecido para a formulação de políticas de integração da Educação com ciência, tecnologia e inovação é o da dramática convergência no século XX entre ciência e tecnologia, levando à necessidade essencial na formação de recursos humanos de alta interdisciplinaridade. Difícil, hoje, a distinção especializada entre físicos, químicos, biólogos, médicos, engenheiros, informatas, advogados e juristas, administradores de produção, economistas e mesmo políticos profissionais quando se trata de formular políticas para integração da ciência, tecnologia e inovação. A enorme velocidade de produção, disseminação do conhecimento, levando à curtíssima vida de produtos, serviços e metodologias, determina por sua vez uma competitividade enorme, que leva a uma rota evolucionária envolvendo novamente um complexo de variáveis que vão dos preços à qualidade, à logística de produção e transporte, diversidade de materiais da nanotecnologia a macromateriais, custo energético, design e até seu significado ecológico e ambiental.

FIGURA 3

Convergência século XX

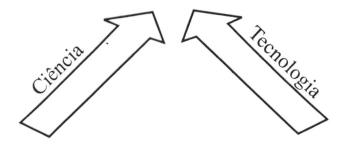

As formulações tradicionais das profissões estão perdendo muito de seu sentido e essa é uma das grandes barreiras para um aperfeiçoamento também nos processos ensino/aprendizagem, grades curriculares, em todos os níveis.

Porém o maior impacto na integração da Educação com a ciência, tecnologia e inovação está justamente nas novas tecnologias multimidiáticas e seu enorme universo distribuído espacial e temporalmente. Subitamente a tecnologia multimídia abre oportunidades tão inesperadas, novas e imensas para a Educação, como o ensino à distância, redes sociais, e-books e a legião de produtos associados, como celulares, tablets, monitores corporais, que por assim dizer pega de surpresa os que subitamente passam de experts a ignorantes em menos de uma geração! Por outro lado, em uma noite um ignorante com capacidade de aprendizagem digital passa a grande expert! Aqui vale a frase do grande Charles Darwin: "O que sobrevive não é o mais forte, nem sequer o mais momentaneamente capaz, mas o mais adaptativo!"

ESTRUTURA CONCEITUAL DE INOVAÇÃO PARA OPERACIONALIZAÇÃO PRÁTICA

Inovação talvez seja o termo mais importante e de maior uso na atualidade das discussões sobre Educação e sua integração com ciência, tecnologia e a própria inovação! Achei oportuno, nesta exposição, dar a minha análise do que penso ser pelo menos uma interpretação conceitual necessária para esse conceito tão usado e abusado. Toda vez que analiso um conceito, penso dicotomicamente em duas formulações estruturais: uma é forma e função, e a outra é anatomia e fisiologia, ambas essenciais para a biologia. Quando estruturei essa minha visão conceitual de inovação, pensei exatamente em suas componentes (anatomia) levando a um sinergismo funcional (fisiologia). O que resultou dessas minhas cogitações é uma forma com funções que estão em sinergia virtuosa quando soem ocorrer. Denominei esse meu modelo de "Os 5 Is da Inovação". I da Invenção é essencial (pensemos na essencialidade da invenção para um neonato), I da Imitação é altamente eficiente, barato e oportuno (pense na criança que aprende uma língua foneticamente ou a cópia de um Rolex falso).

Figura 4
OS CINCO "IS" DA INOVAÇÃO
(MODELO DO PROFESSOR SÉRGIO MASCARENHAS)

1- I de invenção
2- I de imitação
3- I de interdisciplinaridade
4- I de imperfeição corretiva
5- I de investimento $$

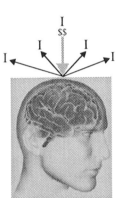

O I da Interdisciplinaridade enriquece tremendamente a Inovação por aumentar as fontes de conteúdo para realizá-la. Uma verdadeira inovação combinatorial, muito rica, pois além de utilizar-se de um só campo do conhecimento estabelece diversas rotas de interação, analogias entre os campos, às vezes até aparentemente disparatados. Inovadores com essa característica são extremamente profícuos e têm uma outra capacidade: utilizando campos de conhecimento diversos, aproveita-se de imensa riqueza de fontes e encontra ligações poderosas que dão grande eficiência ao processo de inovação.

O I da Imperfeição é certamente um dos mais relevantes componentes do processo de inovação, pois a construção é feita pelo método duplamente interativo e iterativo. Tem uma estrutura evolutiva no sentido darwiniano e seu poder deriva de um processo quase dialético no sentido hegeliano. As velhas frases, "Quem não erra não acerta", "É errando que se aprende" ilustram a tradição desse processo altamente adaptativo. Uma curiosidade! Muitas vezes o inovador erra, sabe por que e corrige, mas ocorre uma situação inusitada: o inovador acerta e não sabe por que acertou! Tem de buscar o acerto no próprio processo que criou!

O I do Investimento é entretanto central e merece uma discussão mais detalhada, em especial para países como o Brasil. Pois todas essas etapas dos Is anteriormente discutidos, para serem INOVAÇÃO REAL, têm de chegar à sociedade, aos produtos, serviços, metodologias, criar riqueza, empregos, agregar valor ao conhecimento inovado. E isso só é possível por meio da injeção de recursos financeiros, públicos ou privados. É o famoso capital de risco, pois toda inovação, por não ter futuro certo ainda por sua própria natureza de inovar, contém inúmeros fatores de risco. Em países com aversão ao risco há pouca inovação. Há também mais poupança conservadora. Outras características negativas são a falta de *endowments*, filantropia, tradição de distribuição da riqueza acumulada, um processo cultural que os historiadores da cultura, principalmente alemães, denominam processo civilizatório. Novamente em países colonizados com processos de baixo risco, como exploração escravista, religiosa ou de produção de *commodities* naturais, encontra-se baixo nível de inovação. Nesse caso, somente mudanças culturais, que são a longo prazo, levam essas sociedades a um dinamismo maior.

EDUCAÇÃO E SISTEMAS COMPLEXOS

Um simples olhar ao quadro acima indica a natureza complexa da superestrutura da Educação. É um sistema de sistemas, nos quais as interações entre variáveis e parâmetros apresenta fortes não linearidades. Grande número de variáveis, logísticas de meios e fins, imbricados fortemente, obrigam a análises somente acessíveis com modelagens de alto nível, naturalmente baseadas em bancos de dados confiáveis e de longa vida e confiabilidade. Os aspectos das metodologias estatísticas entram então fortemente para apoio de uma gestão e planejamento de políticas educacionais, como, por exemplo, estatísticas bayesianas, imageologia, modelos de sistemas caóticos, metodologias de entropias, como de Shannon, Kolmorov e outras. Tudo revela ao planejador e sobretudo ao executor e avaliador de políticas educacionais a absoluta necessidade de equipes interdisciplinares com grande capacidade de modelagens atuais, sobretudo na área de sistemas complexos. Por isso nossas propostas como conclusão dessa contribuição referem-se fortemente a essa necessidade, verdadeira exigência dos processos educacionais modernos.

FIGURA 5
QUATRO PROPOSTAS DE AÇÃO

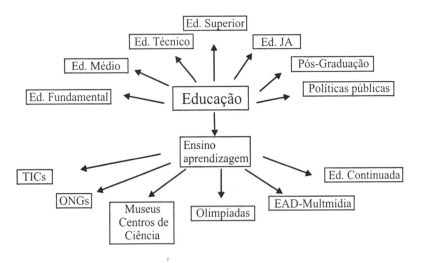

Toda a discussão conceitual anteriormente colocada não teria valor senão especulativo se não a completássemos com propostas objetivas que possam vir a contribuir pró-ativamente à chamada deste fórum: oportunidades na crise e mobilização pela competitividade no tema que nos foi atribuído; integração de educação, ciência e tecnologia, título ao qual acrescentei o termo Inovação por considerá-lo absolutamente imprescindível no atual contexto da Economia do Conhecimento. Portanto, passo agora a apresentar quatro propostas apenas, para que não saia da objetividade prática, quando na realidade necessitaria de uma lista muito mais ampla, que venho apresentando em outras ocasiões e veículos, como ocorreu na IV Conferência Nacional de Ciência e Tecnologia, aos anais da qual dirijo o leitor.

1. Grupo de trabalho para implantação de sistemas complexos em educação no âmbito do MEC e MCTI

A teoria dos sistemas complexos ganhou enorme relevância nas últimas décadas, com aplicações variadas, teoria dos jogos, robótica e mesmo em áreas como finanças, macroeconomia, neurociências, energias alternativas, como o caso da chamada bateria de hidrogênio (as *fuel-cells*), inteligência estratégica etc. A base matemática e computacional para sistemas complexos leva em conta não linearidades, enorme número de componentes dos sistemas levando a efeitos chamados emergentes, como transições de fase na física e na química quânticas, tais como supercondutividade, superfluidez, auto-organização, transição de Bose-Einstein em física da matéria condensada e até em astrofísica. Em suma, um novo cenário de ciência e tecnologia e inovação se descortina para a humanidade.

2. Olimpíadas do Conhecimento: versão complementar à acadêmica

Objetivo:

Incluir, na Olimpíada do Conhecimento, área temática de inovação, como forma de mobilização de talentos com vocação para o empreendedorismo de tecnologia orientado à criação e divulgação de soluções inovadoras em prol do desenvolvimento social e econômico.

Objetivos específicos:

a) Promover iniciativas de inovação oriundas dos diversos países participantes da Olimpíada do Conhecimento;

b) Criar uma rede internacional de relacionamento e cooperação entre estudantes de nível superior com vocação para o empreendedorismo;

c) Promover temáticas relacionadas a problemas socioeconômicos globais que possam ser solucionados a partir da inovação científica e tecnológica;

d) Motivar o interesse de jovens, em todo o mundo, para o empreendedorismo de inovação;
e) Articular iniciativas relacionadas à promoção do empreendedorismo de inovação em nível nacional e internacional.

FIGURA 6

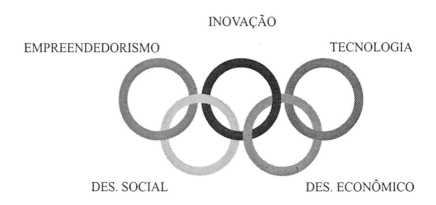

Justificativa:

A proposta de criação da Olimpíada do Conhecimento representa uma oportunidade singular para a difusão da temática de inovação e do empreendedorismo de tecnologia junto ao público jovem de nível superior em diversos países.

No Brasil, país-sede das Olimpíadas de 2016, órgãos de governo de todos os níveis, além de diversas entidades sociais, têm investido recursos de monta em programas de promoção e estímulo à inovação por meio de diversas ações de fomento.

Em todo o mundo, fundos e agências de investimento também buscam prospectar soluções inovadoras oriundas de empreendimentos tecnológicos nascentes, de modo a atender novas demandas de mercado, gerar riquezas e obter vantagens competitivas.

Nesse sentido, o desenvolvimento econômico contemporâneo está fortemente associado à geração e aplicação de tecnologias inovadoras, que dependem da formação de recursos humanos com capacidade de trabalho em equipe, em ações estruturadas de criação, gestão e planejamento estratégico.

3. CRIAÇÃO DE PÓS-GRADUAÇÃO NA UNILA EM SISTEMAS COMPLEXOS PARA APLICAÇÕES EM SETORES ESTRATÉGICOS PARA AMÉRICA LATINA NA ECONOMIA GLOBALIZADA

Na Economia do Conhecimento no mundo globalizado, estruturaram-se grupos econômicos geopolíticos, como os da zona do euro, do dólar, do yene, do yuan. A América Latina, tendo criado o Mercosul, não conseguiu ainda unificação da moeda, tampouco um sistema de formação de recursos humanos para a nova Economia do Conhecimento. Trata-se justamente do problema de ações de integração da Educação com ciência, tecnologia e inovação, para o que, como se discutiu anteriormente, é essencial o uso de metodologias dos sistemas complexos. Hoje o Brasil encontra-se em perigoso atraso de pelo menos 15 anos nesse setor, como mostramos recentemente em um congresso na Escola Politécnica da USP sobre engenharias e no qual propusemos a criação de engenharia de sistemas complexos inicialmente na pós-graduação. Estendemos nesse fórum essa nossa proposta para pós-graduação em sistemas complexos como ferramenta indispensável no século XXI para várias áreas estratégicas. Isso permitirá a consolidação da América Latina como grupo geopolítico devidamente instrumentado por recursos humanos de alto nível capazes de analisar, modelar e utilizar setores estratégicos na presente conjuntura global.

Prevendo tal oportunidade em recente reunião do Centro Latino-Americano de Física, na Cidade do México, em dezembro de 2011, como representante do Brasil, propusemos esta ação, que mereceu, inclusive, destaque na imprensa especializada mundial, como a *Physics Today*. Tendo a UNILA exatamente essa função de integração na educação, torna-se a nosso ver oportuna instituição para realizar essa importante missão.

4. Projetos mobilizadores em articulação de sistemas Unesco/FAO/WHO-OPAS para educação, alimentos, saúde e meio ambiente

Ações mobilizadoras na Economia do Conhecimento requerem articulação de órgãos internacionais em interação com instituições nacionais, em programas de médio e longo prazos, que requerem larga experiência profissional comparativa. Os mais recentes problemas da crise mundial repousam em setores fortemente ligados ao crescimento demográfico associado perversamente à ciência, tecnologia e inovação, através de efeitos como a longevidade, interatividade territorial e populacional. Os efeitos antrópicos decorrentes dessas complexidades levam a fatores de crise intransponíveis sem cooperação internacional, como nos setores da saúde, educação, meio ambiente, alimentos, entre outros. O Brasil encontra-se em situação especialmente favorável em face de suas condições territoriais e climáticas com a posse de solo agricultável, recursos hídricos e energéticos, em particular no caso do agronegócio tropical, que afortunadamente conta com excepcionais recursos de ciência, tecnologia e inovação com a Embrapa, favorecendo uma mobilização tipo ganha-ganha com órgãos internacionais, como a FAO (aliás, dirigida por um brasileiro). A Unesco, WHO-OPAS, com os quais já mantemos efetiva colaboração, mostra-se particularmente importante para a integração da Educação para a formação de recursos humanos em ciência, tecnologia e inovação, sendo nessas áreas a mais provável de sucesso dentre as nossas propostas apresentadas anteriormente.

Para finalizar, devo chamar atenção para o fato de que as quatro propostas aqui apresentadas têm um virtuoso sinergismo entre si, característica aliás de fenômenos emergentes dos sistemas complexos, o que de certo modo augura mais uma componente de valor no conjunto das propostas.

MODELO CHINA/MODELO BRASIL

Como este Fórum reforça a comparação entre modelo da China e do Brasil, recordamos que há mais de uma década acompanhamos o professor Abdus Salam à China exatamente com o propósito de estruturar colaborações entre os centros da China (Academia de Ciências e Ministério da Educação) com os esforços pioneiro do International Center de Trieste, fundado e dirigido pelo genial Prêmio Nobel Abdus Salam. Nessa ocasião, foram estruturadas colaborações que deram a Trieste e à Third World Academy of Sciences papel pioneiro no desenvolvimento de inovações. Durante mais de uma década, Salam apoiou minhas sugestões de criar integração para a formação de recursos humanos nas áreas de biofísica molecular e física médica, das quais fui diretor, e que formaram milhares de pesquisadores de praticamente todas as regiões do globo.

Este Fórum, lançando o desafio de propostas para esse cenário, agora bastante ampliado pela crise global, representa importante ação mobilizadora.

O conhecimento é como o raio de uma esfera; quanto mais aumenta, mais aumenta a superfície em contato com o desconhecido.

Isaac Newton

Povos sem ciência e tecnologia estão condenados a serem simples fornecedores de matérias-primas e mão de obra barata para os países desenvolvidos.

Abdus Salam, Prêmio Nobel de Física, 1979.

Educação de qualidade e emprego

Renato Janine Ribeiro*

---

*Professor de filosofia da USP.

NA OPORTUNIDADE DE DISCUTIR o binômio criativo que é educação de qualidade e emprego, retomo e atualizo observações que fiz há 12 anos, quando apresentava um curso experimental interdisciplinar de Humanidades na Universidade de São Paulo (USP), o qual acabou não sendo implementado — e este é um dado digno de nota, tão relevante a meu ver quanto o próprio projeto: o fato de que a melhor universidade brasileira não tenha acolhido essa proposta, quando tinha sido pioneira em cursos interdisciplinares de graduação, como o de Ciências Moleculares. Infelizmente não foi aprovado o curso de Humanidades, essencialmente devido à oposição sindical e à política de sucessão reitoral. O projeto acabou, porém, inspirando os bacharelados interdisciplinares da Universidade Federal da Bahia.[1] Mas vamos ao tema.

Se o mundo está em intensa mudança,[2] o que hoje constitui um lugar-comum, é preciso abrir mais espaços de experimentação. Um modelo único de universidade, ou mesmo *qualquer* modelo de universidade, dificilmente dará conta desse período em que vivemos, no qual se romperam os referentes anteriores. Isso gera duas consequências: primeira, uma intensa angústia ante o desenraizamento em que nos vemos lançados; segunda, uma enorme liberdade de invenção, para rumos ou ideias novos. Esses podem até prescindir do *pedigree* conceitual que tantas vezes se exigiu, quando se queria — como ainda vários querem — legitimar uma proposta nova enraizando-a no velho, no tradicional, no já aceito. O que

---

[1]Conforme referências de Naomar de Almeida Filho.
[2]Ver a Apresentação de nosso *Humanidades: um novo curso na USP*, São Paulo: Edusp, 2001.

sugiro é que toda a velha questão da legitimidade estaria recuando em favor de uma nova exigência: a da invenção, a da inovação.

Nosso horizonte ainda está governado por um paradigma universitário — um entre vários, mas que se mostrou especialmente forte no nível da graduação —, que posso resumir assim. Para uma profissão já existente, ou que se deseja criar, concebe-se uma graduação, que conferirá o título que autorize exercê-la. (Daí que parte significativa do esforço docente e discente consista em promover ou assegurar a regulamentação legal do exercício da respectiva profissão, o que requer bastante empenho junto ao Ministério do Trabalho e ao Congresso.) Para esse curso de graduação, haverá um departamento e provavelmente um programa de pós-graduação. Assim, acabamos tendo uma sequência densamente articulada, que une o doutorado, o mestrado, a estrutura departamental e o curso de graduação — tudo isso porque existe uma profissão, que na verdade governa todo o resto. A pergunta, hoje, é se realmente é necessária uma articulação assim amarrada — se não podemos emancipar partes desse todo, a fim de dar-lhes maior liberdade tanto de pesquisa quanto de formação. Mas formular essa questão já é respondê-la. Obviamente a pesquisa não pode depender da regulamentação legal de um ofício. Obviamente a regulamentação, que em sua essência é uma missão conservadora, mesmo que necessária, não pode limitar a pesquisa, que por definição é rebelde, inovadora.

Mais que isso: já se pensou que um curso seria tanto mais moderno quanto mais ouvisse o mercado de trabalho. Daí que alguns cursos tenham simulado a atmosfera da empresa na qual os egressos do curso mais tarde trabalhariam. Mas há um equívoco por trás disso. Antes de mais nada, as empresas estão se modificando com razoável agilidade, de modo que dificilmente o que hoje se aprende na universidade continuará valendo daqui a poucos anos. A universidade, por isso mesmo, não deve clonar ou replicar o que outro ambiente produzirá melhor. Um dos sinais auspiciosos de nossos tempos é que cada vez mais empresas percebem que podem e devem investir na formação, inclusive educacional, de seus empregados — e, de qualquer forma, serão elas que os treinarão para as rotinas de trabalho.

Um exemplo, imaginário: suponnamos que uma universidade, entendendo que seu curso de jornalismo deva preparar para o mercado, resolva treinar seus estudantes para as diversas editorias de um jornal, e mais que isso, para redigir artigos nos estilos de dois grandes jornais diários nacionais e de uma ou duas revistas semanais. Se ela fizer isso com o intuito de formar seus alunos para o mercado, estará fazendo todos perderem tempo. Porque é provável que a maior parte desse conhecimento nunca seja aproveitada: só uma minoria deles trabalhará em um dos jornais ou revistas estudados; e os que forem para um desses órgãos poderão, graças ao que se chama disciplina de mercado, rapidamente aprender a escrever da maneira desejada.

Mas pode ser que a universidade simule o ambiente de trabalho com um espírito antropológico — o de mostrar, como num psicodrama, quais as significações, quais os jogos de poder, quais os valores com que seus alunos irão se defrontar. Nesse caso, ótimo! Eles aprenderão com uma ciência de ponta de nosso tempo, a antropologia, a relativizar situações que aparecem como determinantes e dominantes. Perceberão que o mercado de trabalho, por sinal extremamente diversificado, não é um absoluto ao qual devam se curvar, mas um espaço de conflito e de disputa, dentro do qual é possível — e desejável — viabilizar projetos diferenciados.

Clonar o mercado é inútil. Tentando, a universidade fará mal o que a empresa — no meu exemplo, um jornal — fará *melhor*, em termos de ensinar rotinas e técnicas. Mas há o que *a universidade faz bem*, melhor que a empresa: no exemplo acima, explorar as significações, os subtextos, as relações de poder. E isso justifica uma tese radical, que é a seguinte: nosso mundo está em mudança tão rápida que é inútil a universidade pretender adotar seu ritmo, imitá-lo, em suma, replicá-lo. É inútil até mesmo ela preparar, *no sentido tradicional*, para o mercado de trabalho. Quem, em sã consciência, pode prever hoje quais serão as profissões de futuro, daqui a 25 anos? E é exatamente daqui a 25 anos que os alunos que hoje estão escolhendo sua graduação, no final do Ensino Médio, estarão no auge de sua carreira profissional. Essa perspectiva é angustiante? É, mas não é muito diferente do que vivemos, por exemplo, quando tínhamos 18 anos em 1968. Já conosco, as coisas assim se passaram. Nem sempre a faculdade premiada deu a melhor carreira profissional. E esse dado está, hoje, potencializado. A universidade não deve replicar o mercado, nem adianta escolher uma profissão pensando nos excelentes espaços de trabalho que ela proporcionará. Isso depende tanto de como cada um vai se inventar, no correr de sua vida, que conteúdos engessados serão de pouca valia. O que a universidade pode fazer é outra coisa, que está no eixo mesmo do mencionado projeto de um curso de Humanidades: a formação de uma base sólida o bastante para que, em meio às mudanças, o aluno saiba navegar.

Devemos também pensar na *cultura*. No modelo de universidade que prevalece nas principais e melhores instituições brasileiras, o *filémignon* é a pesquisa científica, seguida pela pós-graduação, a graduação e, finalmente, a cultura e a extensão. A qualidade do ensino, mesmo o de graduação, estará diretamente determinada pela da pesquisa. Isso não está errado. Contudo, o que queremos contestar é o lugar que assim se atribui à cultura. Associada à extensão, ela passa a ter o perfil da diluição, da transmissão ao grande público externo daquilo que a universidade criou. Teríamos, assim, uma sucessão de discursos, cujo caráter criativo estaria na razão inversa de sua legibilidade: a pesquisa, que é uma espécie de segredo interno e precioso da vida acadêmica; a pós-graduação, misto de pesquisa e formação; a graduação, que forma os alunos e treina os melhores para a pesquisa; o público exterior, que recebe os produtos da universidade, mas sem tomar conhecimento do processo de sua produção. De novo, esse desenho em círculos concêntricos não está completamente equivocado. Mas vamos ao problema, que é o lugar da cultura nele.

Nosso pressuposto é que a cultura, longe de ser um produto a difundir, longe de se entregar ao público como diluição dos arcanos, longe de ser o facilitário do difícil, pode constituir um fator relevante para melhorar a produção científica, *na ponta mesma da pesquisa*. Por isso, não pensamos em círculos concêntricos, mas numa serpente, misto de círculo e de caracol, pela qual a cultura — assim entendidas as artes, a literatura e a filosofia, a cujo conjunto chamamos de *humanidades* — fecundará a pesquisa em ciências humanas. Não pensamos que as humanidades constituam simples ilustração embelezada daquilo que, pela via dura, se concluiu na pesquisa científica, mas que possam — justamente — formar alunos capazes de questionar em regra as regras que aprenderam, e ser capazes de inovar na pesquisa.[3] E por isso mesmo, hoje, a leitura da filosofia, das artes e da literatura aparece tantas vezes, nos melhores centros de pesquisa, como paradigma para as ciências humanas.

Lévi-Strauss comenta, no *Pensamento selvagem*, aqueles cursos (refere-se implicitamente ao de filosofia) que *levam* muito longe — sob a condição, acrescenta, irônico, que se *saia* deles. Sem a ponta de maldade, é isto o que pretendemos: que das artes, da literatura e da filosofia seja possível retirar pontos de abordagem que enriqueçam o trabalho nas ciências humanas.

O que estas observações, que atualizamos, permitem sugerir quanto à relação do ensino de qualidade com o emprego? Primeiro, que não cabe à universidade preparar completamente a pessoa para o mercado de trabalho. Esse vive forte e rápida mudança. O que o ensino superior pode fazer é preparar um sujeito mais complexo, capaz de lidar bem com as modificações que sofrerá tanto na vida pessoal quanto na profissional. Ele também deve ter uma formação profissional, mas essa não precisa ser excessivamente detalhista, dado que as rotinas de trabalho haverão de mudar. É mais importante educar no amor ao trabalho — e no Brasil até mesmo no amor ao trabalho manual, velho alvo dos preconceitos de uma sociedade que se forjou no escravismo — do que reduzir a formação educacional ao treinamento profissional. Finalmente, mas nem por isso menos decisivo: devemos acabar com a ideia de um diploma definitivo, que complete e encerre a titulação universitária. No caso das carreiras

---

[3]Estudar numa graduação de ciências sociais o romance *Vidas secas*, de Graciliano Ramos, não significará então dar um curso bonito, em que as teses científicas serão apresentadas com graça literária — mas começar perguntando como a literatura constitui, inventa, descobre um mundo; como o Nordeste e sua miséria deixaram de ser um problema moral (com Pedro II prometendo vender as joias da Coroa para acabar com a seca e a fome: três liquidações — das insígnias da realeza, da falta d'água e da carência de proteínas — que não ocorreram) para se tornar, desde *O Quinze,* de Rachel de Queiroz, e a Revolução de 1930, um problema social; como o romance assim contribuiu decisivamente para criar uma nova sensibilidade política em nosso país. Esse é um exemplo de como se sai de uma perspectiva na qual a literatura ilustra, decora, orna — segundo uma estética de segunda — para outra, em que ela se mostra produtiva, criadora de mundos. Ver, de Jorge Luis Borges, "Una rosa amarilla", in *El hacedor*, republ., in *Obras completas,* Buenos Aires, Emecé, p. 795, e nosso artigo "O discurso diferente", in *A última razão dos reis,* São Paulo, Companhia das Letras, 1993, p. 71-81.

profissionais que dependem de um diploma, esse deveria ter um prazo de validade, que poderia ser de cinco ou dez anos. Com regularidade, o profissional deveria voltar ao ambiente de ensino para se atualizar e, por vezes, até mesmo para tomar conhecimento de mudanças radicais em sua área de formação. Essa certificação cíclica poderia, quem sabe, ser condição para se renovar a autorização para o exercício da profissão. E, nessa atualização, ou mais que atualização, seria bom as empresas se associarem às instituições de ensino superior.

Dinâmica da pobreza e mercado de trabalho

Ana Flávia Machado*

---

*Professora associada do Centro de Desenvolvimento e Planejamento Regional, Cedeplar/UFMG.

DINÂMICA DA POBREZA

A DINÂMICA DA pobreza envolve conceitos de mobilidade e, portanto, de episódios que podem ser definidos como saída e entrada, além da permanência na privação.

- Pobreza transitória — saída e entrada em determinado período de tempo.
- Pobreza crônica — permanência na pobreza por longos períodos.

Ciclo vicioso da pobreza

1. Fatores associados, segundo o PME/IBGE de 2002 a 2011:

- Composição dos domicílios.
- Mercado de trabalho.

2. Abordagem por análise longitudinal em modelos de sobrevivência.

COMPOSIÇÃO DOS DOMICÍLIOS POBRES

- População em idade ativa de 62%.
- 39% têm pelo menos um filho e 14% possuem mais de um.

- 28% têm ao menos um adolescente e 18% contam com mais dois, ou mais.
- 20% possuem pelo menos um idoso.
- 31% possuem um adulto analfabeto funcional.
- 65% com nenhum adulto com o ensino fundamental completo.
- 48% dos chefes declaram cor branca.
- 35% dos chefes são mulheres não casadas.

GRÁFICO 1
TEMPO DE SOBREVIVÊNCIA NA POBREZA
ESTIMATIVA DE SOBREVIVÊNCIA KAPLAN-MEIER

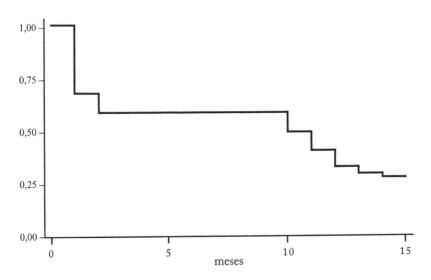

FONTE: PME, 2002-2011.

CARACTERÍSTICAS DOMICILIARES QUE CONTRIBUEM PARA A SAÍDA

- Formação estendida.
- Maior proporção de pessoas em idade ativa.
- Presença de adultos com maior nível de formação educacional.
- Chefe mais velho.

- Presença de idoso (aumenta em mais de 20% as chances de saída).
- Maior número de membros.
- Presença de crianças e adolescentes.
- Presença de adultos analfabetos.
- Chefes não brancos.
- Chefes do sexo feminino sem cônjuge.

GRÁFICO 2
PROBABILIDADE DE SAÍDA DA POBREZA
INVERSÃO GAUSSIANA

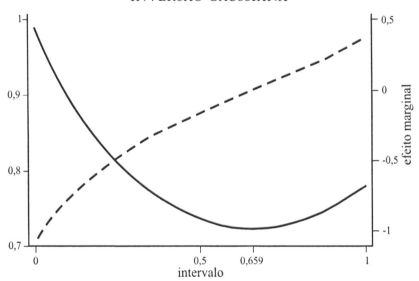

FATORES ASSOCIADOS AO MERCADO DE TRABALHO

- O aumento trimestral de 1% no rendimento médio dos empregados com carteira reduz entre 2% e 4% a probabilidade de saída (efeito participação).
- O aumento de 1% no salário médio dos trabalhadores por conta própria aumenta entre 1% e 3% as chances de saída (efeito renda).
- Aumento de 1% na proporção de trabalhadores na construção civil aumenta em cerca de 0,2% a probabilidade de saída.

- Aumento de 1% na proporção de trabalhadores no comércio aumenta em cerca de 0,1% a probabilidade de saída.
- Aumento de 1% na proporção de trabalhadores na indústria aumenta em cerca de 0,05% a 0,1% a probabilidade de saída.

CONSIDERAÇÕES

- Apesar de a proporção de pessoas pobres ter caído de forma expressiva entre 2002 e 2011, a duração média na pobreza aumentou.
- Acréscimos no rendimento dos autônomos reduzem o tempo de permanência na pobreza, porque as pessoas pobres estão sobre-representadas no mercado de trabalho informal.
- O crescimento no emprego, independentemente do setor, aumentou as chances de se sair da pobreza.

Considerando o Brasil Metropolitano e a manutenção das políticas de transferências unilaterais, devem ser contempladas:

- A melhoria da qualidade do ensino, especialmente o técnico, para a população pobre mais jovem.
- As políticas de qualificação profissional orientadas conforme o perfil do grupo demográfico.
- As políticas de inclusão sócioprodutiva capazes de contemplar as especificidades da atividade produtiva informal, intensiva em mão de obra.

SEGUNDA PARTE

TEATRO MÁGICO DA CULTURA: "INDÚSTRIAS CRIATIVAS" — COMO TRANSFORMÁ-LAS EM GRANDES OPORTUNIDADES

A criatividade a serviço de um novo modelo de desenvolvimento

Anna de Hollanda*

---

*Ministra da Cultura.

As CRISES SOCIAIS, econômicas, ambientais e culturais que vivemos são expressões concretas de que o modelo de desenvolvimento moderno, fundamentado na acumulação da riqueza e do mero crescimento do Produto Interno Bruto (PIB), está em franca decadência. Esse modelo somente reforçou o abismo entre ricos e pobres, especialmente nos países periféricos.

A Conferência Geral da Unesco, logo após o dramático atentado do 11 de setembro de 2001, formatou a "Declaração Universal sobre a Diversidade Cultural". Esse documento atribui um novo significado aos papéis da cultura como estratégia de desenvolvimento das nações. Essa compreensão vem produzindo impactos interessantes sobre as agências de fomento, que passam a priorizar no financiamento de projetos a capacidade de mobilização do capital social e da dinâmica cultural das populações. Mas, embora a paisagem internacional nos revele todos os dias a grande crise da visão economicista de desenvolvimento, as políticas governamentais de grande parte dos países do mundo ainda resiste à necessidade de revisão dos valores que nortearam suas concepções de desenvolvimento.

Como o ex-ministro da Cultura Celso Furtado, também considero que a desconcentração regional, a qualidade de vida e a ampliação de escolhas constituem pressupostos fundamentais ao desenvolvimento. Por isso, propus, em 2011, a estruturação de uma nova secretaria para o Ministério da Cultura: a Secretaria da Economia Criativa. Sim, considero que o MinC pode e deve contribuir para um desenvolvimento marcado por novas dinâmicas sociais e econômicas, um desenvolvimento onde os avanços tecnológicos caminhem de forma harmônica com a produção e o acesso de conteúdos criativos nacionais às camadas mais amplas da sociedade brasileira. Vinte e cinco anos depois da gestão de Celso Furtado, assumi o desafio de avançar na formulação de políticas públicas que retomem as conexões entre cultura e desenvolvimento. Para tanto, necessitamos transformar mentalidades, rever conceitos, ampliar nossos horizontes, religar conhecimentos. Estamos falando de uma nova economia, ou melhor, de um novo olhar sobre a economia tradicional. Não nos referimos somente às indústrias culturais ou criativas, que tomaram grande impulso no século XX. Queremos formular políticas públicas que incluam, além das indústrias, também as artesanias populares, políticas que estimulem o encontro entre as artes, a cultura, as ciências e as tecnologias.

As Indústrias Criativas são definidas pela Conferência das Nações Unidas para o Comércio e o Desenvolvimento, a UNCTAD, como os ciclos de criação, produção e distribuição de bens e serviços que usam a criatividade e o capital intelectual como principais insumos. Elas compreendem um conjunto de atividades baseadas no conhecimento, que produzem bens tangíveis e intangíveis, intelectuais ou artísticos, com conteúdo criativo, valor econômico e voltados para o mercado. Vale ressaltar que, apesar de a crise financeira mundial ter provocado a queda drástica de 12% no comércio internacional em 2008, as exportações de produtos criativos aumentaram e alcançaram US$ 592 bilhões, equivalentes a mais de R$ 1 trilhão, duplicando em seis anos, a uma taxa de crescimento médio de 14% no período 2002-2008, destacando-se como um dos setores mais dinâmicos do comércio internacional.

Ainda assim, apesar do efetivo potencial de crescimento dessas indústrias, alguns obstáculos têm surgido impedindo sua expansão: a baixa disponibilidade de recursos financeiros para o financiamento de negócios dessa natureza; o baixo investimento em capacitação dos agentes atuantes na cadeia produtiva dessas indústrias, agentes que cuja atuação exige visão de mercado, de gestão de negócios e de conhecimentos técnicos e artísticos; pouca infraestrutura no que se refere à distribuição e difusão dos bens e serviços.

A performance da Economia Criativa na América Latina também repercute positivamente nas políticas culturais regionais, e vem ganhando, progressivamente, maior visibilidade nas estratégias de desenvolvimento econômico e social. No caso do Brasil, por exemplo, a temática da Economia Criativa e das Indústrias Criativas surge apenas a partir de 2004, com a realização, durante a XI Conferência da UNCTAD, reunida em São Paulo, de um painel dedicado exclusivamente à questão das Indústrias Criativas na perspectiva dos países em desenvolvimento.

Em inúmeros países de diversos continentes (como a Austrália e a China), a criatividade vem sendo apoiada por políticas públicas e sendo tratada como o insumo por excelência da inovação. É a dimensão simbólica da produção humana (presente das artes do circo ao conteúdo dos games) que passa a ser elemento fundamental na definição do valor desses novos bens e serviços. A nova economia, ao mesmo tempo que produz riqueza, demonstra vocação para construir novas solidariedades, reunindo e incluindo comunidades e indivíduos, dessa feita, a partir de redes e coletivos.

No governo Dilma Rousseff, o MinC avança na institucionalização da área da Economia Criativa com o objetivo maior de combater a miséria e transformar a criatividade brasileira em riqueza, qualidade de vida e cidadania. Precisamos avançar com maior rapidez e eficácia na construção de um desenvolvimento regional mais justo para os brasileiros. Afinal, o Censo de 2010 aponta para a persistência da concentração de renda e do desequilíbrio regional no Brasil. Somos ainda o país em que os 10% da população mais rica têm uma renda mensal quase 40 vezes maior que os 10% mais pobres. Por outro lado, segundo pesquisa do GEM (Global Entrepreneurship Monitor), o Brasil tem a segunda população mais empreendedora do mundo.

Acreditamos em um novo desenvolvimento fundamentado no empreendedorismo, na inovação, na inclusão, na sustentabilidade e na diversidade cultural brasileiras. Para esse governo, nossa diversidade cultural não constitui somente patrimônio a ser valorizado, mas é recurso econômico e insumo estratégico para o novo desenvolvimento ao qual nos propomos construir. O Brasil não é mesmo um país de pequenos desafios. Seja pela sua dimensão territorial continental, seja pela força de sua economia (a sexta do planeta), seja pelos imensos contrastes sociais que ainda experimenta (84 IDH), o Brasil sempre suscita nos imaginários do mundo representações associadas à diversidade, originalidade e criatividade. Simbolizamos uma espécie de "celeiro do mundo", não somente um celeiro de grãos, mas de imagens, das invenções, das tecnologias sociais, dos encontros improváveis entre o velho e o novo, país onde ética e estética se fundem e se (con)fundem ao sabor das festas, dos ritos e das celebrações. Devemos corresponder às expectativas que hoje suscitamos. Temos um papel de liderança a cumprir e uma grande tarefa a desempenhar na formulação e implementação de políticas públicas onde a cultura seja compreendida e tratada como eixo estratégico para o desenvolvimento. Que assim seja!

Futebol e cultura. Futebol é cultura

*Aldo Rebelo**

---
*Ministro dos Esportes.

O TEMA DO XXIV FÓRUM NACIONAL — Futebol é Cultura — nos convoca a examinar a questão a partir do próprio surgimento desse esporte na Inglaterra, em meados do século XIX, e a chegada do futebol ao Brasil pouco antes do início do século XX. A Inglaterra da década de 1800 vivia o auge da revolução das manufaturas, os trabalhadores usavam bastante as mãos no processo produtivo, os esportes aristocráticos que existiam na época não eram praticados pelos operários e eles, a partir, creio que, do rúgbi, criaram e adaptaram as regras para o futebol com o objetivo de repousar as mãos e usar os pés.

Os historiadores contam que a Semana Inglesa foi muito menos uma conquista da militância sindical, do movimento classista e muito mais uma conquista dos trabalhadores para ter os sábados dedicados ao futebol. Esses mesmos registros dão conta de que, na União Soviética, em 1925, uma das conferências do Partido Comunista relacionou, entre as reivindicações dos operários do vale do rio Don, a exigência do sábado como dia para se praticar o futebol.

(Dizem que na Turquia, durante algum tempo, os dois livros mais procurados pela polícia eram o *Estatuto do Partido Comunista* e as *Regras de Futebol*, que era proibido pelo regime. Eu estaria numa situação difícil. Sou comunista e sempre gostei de futebol.)

A história registra que a primeira partida de futebol no Brasil aconteceu em abril de 1895 e confrontou, no campo da várzea do Carmo, em São Paulo, um time de ingleses funcionários da São Paulo Railway e uma equipe de anglo-brasileiros trabalhadores da companhia de gás. O jogo acabou em 4 x 2 para os ingleses.

O esporte bretão — como se dizia antigamente para lembrar que o futebol nasceu na Grã-Bretanha — chegou aqui em 1894, trazido pelo paulista Charles Miller. Filho de um inglês que vivia no Brasil, Charles passara uma temporada estudando na Inglaterra e tinha conhecido o novo esporte. Quando voltou, trouxe duas bolas. Portanto, um inglês nos ajudou no primeiro passo dessa caminhada que pode nos levar, em 2014, ao inédito título de Hexa Campeões Mundiais de Futebol, como já o nosso penta.

Quando Miller desembarcou de volta com o futebol na bagagem, o Brasil vivia a transição do Império para a República. Uma transição política, cultural e econômica. Em 1898, estava no poder o nosso quarto presidente: Campos Salles, que deixaria a Presidência, em 1902, com a popularidade em baixa por causa do programa de ajuste financeiro que tinha executado, inclusive, com a retirada de parte do dinheiro em circulação.

O nosso Ministro da Fazenda — responsável pela política econômica — era Joaquim Murtinho, que, em vez de assumir as dificuldades e os erros, preferiu atribuí-las ao povo e à nação recém-nascida. No seu relatório de governo, Murtinho escreveu que o Brasil estava condenado ao fracasso porque não tinha uma população como a americana ou a alemã, ou a europeia, mas uma população miscigenada de tudo quanto não presta, o pior europeu que, para ele, era o português, o índio e o africano. Imagina onde a gente ia parar em uma situação daquelas! Então, era uma condenação generalizada ao fracasso, ou seja, nós éramos produto da escória humana, segundo os puristas de então.

Então, o Brasil vivia essa crise espiritual, essa crise civilizatória; como é que vai com uma mistura tão ruim! Era esse o pensamento da época! O Gilberto Freyre só acabaria com essa noção derrotista em 1934, com o lançamento do seu *Casa-grande & senzala*.

O futebol aparece, nessa circunstância, e praticado pela, como se dizia, elite branca. Era aí que se praticava o futebol, era um programa de domingo das pessoas brancas. O negro e o mestiço não tinham vez no futebol. Eram à parte da programação. Como dizia o Mário Filho — jornalista que emprestou o nome ao Maracanã —, depois da missa as senhoras iam ver os filhos jogar o futebol.

122

No Rio de Janeiro, isso foi quebrado pelo surgimento de clubes, que, mesmo sendo, como o Bangu, fundados por técnicos ingleses que vieram trabalhar aqui em uma fábrica de tecidos, criaram um time de futebol. E essa lembrança me dá a oportunidade de tratar rapidamente de um tema atual que muito tem a ver com a nossa cultura e o futebol: o debate sobre beber ou não nos estádios. Sabem qual foi o primeiro equipamento que os ingleses construíram no estádio do Bangu, lá nos idos dos anos 1900? O bar.

Antes do gramado, da arquibancada, antes do vestiário, a primeira coisa que eles fizeram foi o bar. E eu assisti em Londres, no começo de maio deste ano, a uma partida do campeonato inglês em Wembley, templo do futebol mundial. Lá, funcionam uns 400 bares e todos próximos das arquibancadas. Portanto, exagerando um pouco, talvez em Wembley tenha tanto espaço nos bares quanto nas arquibancadas. Agora, é tudo regulamentado, controlado: tem hora e lugar para beber. É isso o que vamos fazer no Brasil na Copa de 2014: teremos lugares e períodos em que a bebida será liberada.

Voltando à História: a entrada do negro, do mestiço no futebol, ou do imigrante, porque, no caso de São Paulo, foi o italiano pobre, o chamado italianinho, discriminado pelos quatrocentões paulistas, que queriam ver tudo na vida, menos uma filha casada com um italianinho. E São Paulo era uma cidade que falava italiano até o começo dos anos 1930. Pois bem, foi o Palestra Itália, depois Palmeiras, que levou os pobres da cidade para o futebol.

No Rio de Janeiro, o Vasco e outros clubes também enfrentaram uma batalha para que o negro e o mestiço pudessem também participar do futebol. Então o futebol foi palco de uma disputa no campo das ideias, da identidade do Brasil, e foi uma disputa realizada à margem desse "ente" que organiza a sociedade no capitalismo: o mercado.

Não foi o mercado que travou essa batalha. Foram as pessoas, foram os jogadores, alguns dirigentes. E isso ajudou a mudar a feição e o papel do futebol no Brasil. Porque foi por intermédio do futebol que os pobres, os negros, os mestiços passaram a ser protagonistas na vida do entretenimento.

Não havia um pobre, um negro, um semiletrado que fosse um astro reconhecido, celebrado, festejado, cultivado, querido, admirado. O primeiro deles, em São Paulo, foi Friedenreich, filho de um alemão com uma negra. No Rio, tivemos vários. Na primeira Copa do Mundo, um maranhense de Codó, chamado Fausto, encantou o Uruguai e foi chamado de Maravilha Negra. Aos 34 anos, morreu de tuberculose.

Depois, surgiram Domingos da Guia, que é celebrado até hoje na Argentina. Lembro que há uns 10 anos, na periferia de São Paulo, eu fazia uma atividade de campanha, e estava comigo o Ademir da Guia, que jogou no Palmeiras e na Seleção, e então um senhorzinho, bem idoso, me apresentou um recorte de jornal da década de 1930.

Era uma reportagem de um jornal argentino sobre a passagem do Domingos pelo Boca Junior que ele entregou ao Ademir, filho do Domingos. No Uruguai, Domingos foi chamado de Divino Mestre. Quando foi jogar no Corinthians, 50 mil pessoas o receberam. A mesma coisa aconteceu com Leônidas da Silva, que foi jogar no São Paulo.

Então, o futebol permitiu essa forma de ascensão, que não é ascensão econômica, do bem da posse, é uma ascensão social *latu senso*, ou seja, a presença do negro, do mulato, do pobre, do povo como protagonista de uma coisa importante na vida do país e das pessoas, que passou a ser o futebol.

Nem todos os intelectuais acertaram nessa questão. O meu conterrâneo, Graciliano Ramos, em 1919, escreveu uma crônica para o jornal *O Índio*, lá de Palmeira dos Índios, dizendo que esse negócio não ia dar certo. Um esporte exótico, 11 homens de um lado e de outro correndo para cima e para baixo atrás de uma bola, não tem condições de dar certo no Brasil, escreveu Graciliano. Ele achava que outros esportes prosperariam no imaginário do povo. Mas deu certo. É esse o esporte que, creio, foi um aspecto importante da afirmação da nossa identidade como uma fusão de troncos culturais, civilizatórios do africano, do europeu, do português e do índio. Acho que isso é o que permitiu que o futebol fosse o que é hoje no Brasil, e acho que o país contribuiu para que o futebol fosse o que é hoje no mundo.

Até arrisco dizer que, sem o Brasil, o futebol seria mais um desses esportes anglo-saxônicos populares em dois, três países, um *cricket*, um futebol americano, um beisebol, que são muito populares, mas em poucos países além daqueles onde se originaram. A popularidade do futebol é universal. Do Japão à Patagônia, à África, o futebol encanta o mundo. O Brasil desenvolveu, ao seu jeito, o seu estilo de jogar futebol. Gilberto Freyre disse que o nosso é dionisíaco, em contraponto ao apolíneo dos europeus. Que o deles é o brilho do coletivo, da equipe, e o nosso dá espaço para o brilho do indivíduo, para o malabarismo, para a demonstração do artista. Eu acho que ele tem muita razão nisso. Acho que o Brasil tem esse estilo que combina criatividade e capacidade de improvisar e uma enorme excelência técnica. Individualmente nossos jogadores fazem, nos gramados, obras como as de Portinari, que pintou o futebol, e de Rebollo, que pintou e jogou futebol.

O europeu é mais disciplina tática e força coletiva. E acho que isso também é resultado da nossa formação e desses ingredientes da construção da nossa identidade e da nossa nacionalidade.

Outra coisa é o seguinte: eu sou alagoano, torço pelo Palmeiras desde os oito anos de idade, e, ainda hoje, tem gente que pergunta: "Mas por quê? Você é italiano?", e eu digo: "Eu vim saber que o Palmeiras tinha alguma coisa a ver com italiano quando cheguei a São Paulo. Pensei que tinha a ver com aquelas árvores que tem lá nas Alagoas, as palmeiras, que se espalham por tudo quanto é lugar no Brasil."

Estou dando o caso do Palmeiras não porque é o meu time, não. É porque eu acho que no Rio também o Vasco, o Flamengo têm a maior parte das suas torcidas fora do seu estado de origem. Isso não acontece, por exemplo, na Espanha. Ninguém vai encontrar um basco torcendo pelo Barcelona ou para o Real Madri. Basco vai torcer pelo Atlético de Bilbao ou pelo Real Sociedad e ponto. Você não vai encontrar um madrilenho torcendo pelo Barcelona. Não se imagina um catalão torcendo pelo Real Madri. É possível? Só se for clandestinamente!

No Brasil, você vai à Bahia e a maior torcida é a do Flamengo, não é a do Bahia nem a do Vitória! Você vai ao Paraná, a maior torcida é a do Corinthians, não é a do Coritiba, não é a do Atlético Paranaense. Agora, com a realização da Copa do Mundo no Brasil, as torcidas vão crescer, a frequência dos torcedores nos estádios vai aumentar. Nossa identificação com o futebol ficará mais forte e mais profunda.

Somos o único país que participou de todas as Copas, nós somos o país que ofereceu mais astros para esse esporte, somos o país que tem o maior artilheiro de todos os tempos de Copa, somos o país que tem o Pelé, o Garrincha, entre tantos outros astros.

Este ano, comemoramos duas datas importantíssimas para o nosso futebol e temos a chance de conquistar um título ainda inédito. Em Londres, podemos conquistar a Medalha de Ouro no futebol olímpico. Em junho, comemoramos o cinquentenário da conquista do bi mundial no Chile. E para completar, em agosto — no mês em que poderemos nos sagrar Campeões Olímpicos — teremos o centenário de nascimento de um dos maiores incentivadores e defensores do esporte: o jornalista, escritor e dramaturgo Nelson Rodrigues, autor da talvez melhor definição da nossa paixão pelo futebol: a Seleção é a Pátria em Chuteiras.

Eu até sugeri à editora que tem os direitos sobre a obra do Nelson a publicação de uma obra especial com as crônicas dele sobre a Seleção e sobre as Copas, principalmente aquela de 1966, que produziu muito pessimismo em relação ao futuro do nosso futebol e que Nelson analisou tão bem naquela circunstância. Seria mais uma grande iniciativa para a preservação da intimidade entre cultura e futebol no Brasil.

Literatura e "Indústria Criativa". Literatura é "Indústria Criativa"

Geraldo Holanda Cavalcanti

---

*Secretário-geral da Academia Brasileira de Letras.

O TEMA AQUI PROPOSTO encontra o lugar certo para ser tratado num fórum que se propõe a analisar as possíveis vias de atuação que orientem e apressem a transformação do Brasil na direção de um país desenvolvido na escala temporal de um decênio. Ia escrevendo "plenamente desenvolvido", mas contive-me a tempo. Na verdade, não existe um estado de pleno desenvolvimento, uma utopia, como qualquer outra que se ofereça como o fim da história. O Brasil desenvolvido que queremos construir, que este Fórum se propõe a imaginar, não será um ponto de chegada, mas um ponto de partida para um crescimento mais harmonioso econômica, social e culturalmente.

Curiosamente, a questão da Economia Criativa e, mais especificamente, da Indústria Criativa, nasceu e está se aprofundando nos países que, no quadro dos nossos termos de referência, são considerados países já desenvolvidos. E estamos querendo abordá-la da perspectiva de um país em desenvolvimento. Incidentalmente são precárias essas classificações porquanto tênues, ou artificiais, os limites entre elas. Comecei minha vida profissional batalhando nos foros internacionais em nome de um país subdesenvolvido. À medida que se aprofundava o conhecimento de suas características e se definiam os rumos de suas políticas econômicas, sociais e culturais, tornou-se inaceitável falar, nos organismos internacionais, de países subdesenvolvidos. Criou-se, então, a categoria de países em desenvolvimento. Prática para fins de fixação de padrões de assistência econômica e financeira, tal categoria deixa aberta a questão de quando um país, finalmente, alcança o estado de desenvolvido.

Mas vamos diretamente ao que importa.

O conceito de Indústria Criativa nasceu na Austrália, em 1990, e teve seu ímpeto regenerador concentrado, pioneiramente, no Reino Unido, talvez, ao que eu saiba, o único país a ter estabelecido mesmo um ministério específico para cuidar do assunto.

Temos de saber, no entanto, antes de prosseguirmos, em que consiste exatamente a Indústria Criativa.

Podemos considerá-la, inicialmente, como um desenvolvimento tardio, e possivelmente derivado das indagações originais dos filósofos da Escola de Frankfurt, que criaram o termo Indústria Cultural, com Theodor Adorno e Max Horkheimer, ou se preocuparam com o destino da arte na sociedade da reprodução, como Walter Benjamin. As experiências australiana e britânica não foram o resultado de aplicações práticas de uma teoria, mas, ao contrário, a teorização de fenômenos econômicos e sociais que estavam ocorrendo em seus territórios.

O conceito de Indústria Criativa é mais amplo do que o de indústria cultural. Este último se refere a indústrias que combinam a criação, produção e comercialização de conteúdos criativos que são intangíveis e culturais e podem tomar a forma de bens materiais ou de serviços. Abrangem, normalmente, a impressão, a publicação, as produções audiovisuais, fonográficas, cinematográficas e o design. O conceito de Indústria Criativa inclui as indústrias culturais e todas as demais que contêm um substancial elemento de criação individual e de propriedade intelectual. Definir o seu campo não é fácil. Para começar, não se trata de indústrias novas. Todas já existem. Mas de uma nova maneira de integrá-las no circuito produtivo.

O I Fórum Internacional das Indústrias Criativas, realizado em São Petersburgo, na Rússia, em setembro de 2002, definiu como Indústrias Criativas "aquelas que têm sua origem na criatividade individual, habilidades e talentos que têm potencial de riqueza e criação de empregos por meio da geração e da exploração da propriedade intelectual".

A UNCTAD, em 2009, procura ser mais específica e diz serem Indústrias Criativas aquelas que envolvem os ciclos de criação, produção e distribuição de bens e serviços que usam criatividade e capital intelectual como insumos primários; constituem um conjunto de atividades com base no conhecimento focado primordialmente nas artes potencialmente geradoras de receitas provenientes de comércio e direitos de propriedade intelectual; compreendem produtos tangíveis e intelectuais intangíveis, ou serviços artísticos com conteúdo criativo, valor econômico e com objetivos de mercado; e são o cruzamento entre o artesão e os serviços e setores industriais.

São definições descritivas que não permitem conceituar a característica específica do que sejam as Indústrias Criativas.

Tomemos, pragmaticamente, a classificação que adota o Departamento de Cultura, Mídia e Esporte do governo britânico, em documento de 2006: Indústria Criativa é aquela que tem como origem a criatividade, habilidade e talento individual, e que tem potencial de crescimento econômico e de criação de empregos por meio da exploração da propriedade intelectual. Entre elas, a indústria editorial é mencionada especificamente.

É pouco para o nosso tema, mas é um começo. E notemos desde já que o aspecto reconhecido como distintivo e fundamental é o aproveitamento do incentivo consistente da propriedade intelectual.

O Fórum de São Petersburgo tentou sistematizar o conjunto das Indústrias Criativas e estabeleceu um esquema para a classificação dos produtos criativos em três blocos temáticos: mídia e espetáculos ao vivo, compreendendo filmes, software de entretenimento interativo e serviços de computação, música, artes cênicas, televisão e rádio, e a indústria editorial, a que mais nos importa no momento, no primeiro bloco; design e visual, compreendendo propaganda, arquitetura, artesanato, design industrial, design de moda e artes visuais, no segundo; e patrimônio histórico, compreendendo o mercado de artes e antiguidades, o patrimônio histórico no sentido estrito, e museus e galerias, no terceiro.

Outras classificações nacionais ou propostas por estudiosos repetem basicamente os mesmos temas, de forma sistemática ou não, mas com os mesmos elementos.

É pequena ainda a experiência internacional na configuração de parâmetros para a caracterização das Indústrias Criativas, mas as organizações internacionais, para as quais o tema é relevante, já dedicam esforços ponderáveis para coletar experiências concretas e dados quantitativos que permitam generalizações nesse sentido. A Unesco, em particular, vem fazendo pesquisas em vários países membros nessa direção. Recente estudo seu ressalta a importância crescente que vem sendo dedicada às chamadas Indústrias Criativas naquelas que ela chama de *modern post-industrial knowledge-based economies*, ou seja, economias pós-industriais baseadas no conhecimento. E salienta sua relevância não apenas em razão das altas taxas de crescimento econômico comprovadas, superiores à média dos demais setores produtivos e do acentuado papel na criação de empregos, mas também por nelas encontrar notáveis veículos de preservação da identidade cultural dos países e efetivo instrumento no papel da preservação da diversidade cultural. Observa o estudo que os setores afetados vinham sendo considerados de interesse marginal nos países mencionados, recebendo pouca atenção dos analistas e pesquisadores. Mais e mais, porém, se evidencia a importância econômica, social e cultural que tais indústrias vêm adquirindo, o que torna urgente uma maior aplicação dos estudiosos e das instituições governamentais reguladoras para orientar novas políticas. Com o advento de novas tecnologias, como, nas duas últimas décadas, a internet, as redes sociais, o comércio eletrônico, que tornam a produção, o consumo, a comunicação, a difusão, o intercâmbio e o comércio dos bens culturais mais fácil e acessível em nível planetário, uma nova dimensão para o crescimento das Indústrias Criativas se delineia como já presente.

O fenômeno observado pela Unesco não se limita, porém, aos países mais desenvolvidos, que já tenham alcançado a fase pós-industrial a que se refere o seu estudo. Está também presente nos países em desenvolvimento, sobretudo naqueles que já se situam na fase de *take-off* para o estágio de desenvolvidos. É natural que isso aconteça, dado o caráter globalizado da economia contemporânea.

Fator de singular importância no acompanhamento da evolução das Indústrias Criativas é a crescente utilização dos veículos de acumulação de informação e produção de conteúdo criativo aportado pelo aparecimento do computador pessoal e a versatilidade das redes eletrônicas conjugadas pela internet. A vertiginosa evolução das máquinas de computação e sua utilização doméstica alimentam a criação de bens imateriais numa medida jamais alcançada anteriormente. E a internet possibilita a circulação instantânea dessa massa de informação e conteúdo, ou de lazer, numa escala infinita, aspecto capital para o tema que estamos tratando, o da literatura, equivale a dizer, o do livro.

Não cabe no espaço deste texto aprofundar o assunto. Mas não quero deixar de mencionar, nestas breves considerações sobre o fenômeno da Indústria Criativa, as implicações dessa convergência da produtividade criativa individual com o espaço universal que a internet possibilita. Vimos como toda Indústria Criativa está sendo concebida na presunção de que ela abre espaço para a criatividade pessoal e é a recompensa financeira na forma do reconhecimento da propriedade intelectual e do direito autoral que potencializa a sua expansão. Temos visto no nosso país, porém, reiteradas tentativas de restrição ou infringência desses direitos. Se vitoriosas tais tentativas, abafa-se o nascente esforço de democratização da economia proporcionado pela abertura do setor das Indústrias Criativas que, no Brasil, como em outros países, revela-se de enorme potencialidade como instrumentos para o desenvolvimento econômico.

Um setor que tem sido particularmente objeto de preocupação da Academia Brasileira de Letras é o da literatura. Como em todos aqueles que dependem da criatividade individual, é a proteção do direito autoral do livro o esteio inafiançável para sua produção.

A indústria da edição atravessa um período turbulento e requer de todos nela envolvidos, desde a esfera da produção intelectual aos demais círculos que encerram a Indústria Criativa, edição, circulação e difusão, cuidadosa atenção. É evidente a necessidade de encontrar soluções para a proteção do direito autoral em face da possibilidade hoje existente de reprodução incontrolada da obra literária por quaisquer que sejam os meios. Esse é um problema de longo alcance, pois não é apenas o autor que resulta prejudicado, mas o fenômeno afeta, igualmente, a economia e as finanças, na medida em que desaloja empregos e possibilita evasão fiscal. Problema atual e sério é, igualmente, o que temos assistido nos últimos anos de difração dos direitos autorais pela reutilização de obras ainda sob a proteção do direito autoral, mediante a manipulação cosmética das mesmas, para apresentá-las como originais geralmente assinados por "laranjas", para usar um termo que entrou em moda no panorama da corrupção política. A tradução literária tem sido o campo predileto de editoras inescrupulosas para tais manobras ilegítimas.

A Academia Brasileira de Letras é sensível a tudo o que possa representar violação dos direitos autorais. Parte do pressuposto de que a literatura é criação do autor e o uso social que possa ser atribuído à difusão de sua obra não pode retirar a remuneração que lhe é devida. Assim, ao discutir o livro desde o ponto de vista da Economia Criativa, a ABL reitera ser premissa básica a de que o trabalho do autor deve ser remunerado, como ocorre com qualquer outro trabalho na sociedade. A garantia do respeito ao direito autoral deve ser condição essencial em qualquer formulação de política cultural na área do livro. Esse respeito, aliás, é a chave-mestra para o desenvolvimento de todas as Indústrias Criativas.

Plano Diretor do Cinema Brasileiro
(*Infinito cinema**)
Luiz Carlos Barreto** *e Nelson Pereira dos Santos****

---

*Infinito cinema, de Ely Azeredo, Unilivros, 1988.
**Produtor de cinema.
***Cineasta.

CENÁRIO I: O CINEMA NO MUNDO

É ÚTIL APRESENTAR uma rápida visão do panorama da indústria do entretenimento, da informação e do conhecimento, já identificada em pesquisa da Price Waterhouse como o setor econômico que, em escala mundial, mais cresce neste início do século XXI.
Entre 2001 e 2010, o setor cresceu a uma taxa média de 8,5% ao ano.

- A cifra de negócios em 2001 era de US$ 1,2 trilhão.
- Em 2010, já havia atingido US$ 1,700 trilhão.
- A previsão é que esse mercado mundial atinja, em 2014, US$ 2,25 trilhões.

Os países líderes desse crescimento foram, e continuarão sendo até 2014, a China, que cresce a uma taxa de 12%, e o Brasil, com uma taxa de 8,7%.

Em 2001, o Brasil apresentava uma cifra de negócios nesse setor do entretenimento da ordem de US$ 11 bilhões; em 2010 já estava em US$ 23 bilhões, e para 2014 é prevista uma cifra superior a US$ 40 bilhões.

Importante notar: com a entrada em vigor da Lei nº 12.485/2012, essa cifra relativa ao nosso mercado poderá ultrapassar os US$ 55 bilhões, em consequência da entrada das telefônicas no mercado de TV por assinatura, e do crescimento dos negócios no nicho das novas mídias (jogos eletrônicos, internet etc.).

CENÁRIO II: O CINEMA NO BRASIL

CINEMA

O parque de exibição de filmes é atualmente composto por 2.250 salas, instaladas em menos de 10% dos municípios do nosso território. Isso significa que mais de 90% dos municípios brasileiros não estão servidos desse importante espaço de lazer. Significa também que temos apenas uma sala de cinema para cada 80 mil habitantes.

- A Argentina dispõe de uma sala para cada 30 mil habitantes. O México dispõe de uma sala de cinema para cada 40 mil habitantes. A França, uma sala para cada 25 mil habitantes.
- Apenas 15 milhões de brasileiros frequentam as salas de cinema, o que resulta na venda de apenas 130 a 140 milhões de ingressos. Isso também significa que esses 15 milhões de consumidores do espetáculo cinematográfico vão menos de 10 vezes por ano ao cinema.
- O preço médio nacional da entrada (ingresso) é de R$ 12,00, ou US$ 6,60. Até a década de 1970, esse preço médio era o equivalente a US$ 1,00.
- O parque de salas (2.250) está concentrado: 85% em capitais e em cidades de grande porte do interior, com populações acima de 600 mil habitantes.
- Mais de 65% dessas salas exibidoras estão localizados em shopping centers acessados pelas classes A e B, sendo que as classes C e D estão praticamente excluídas da frequência às salas de cinema, e desfrutam filmes através do mercado do vídeo doméstico.

MERCADO DE HOME VIDEO

- O Brasil tem cerca de 25 milhões de aparelhos de DVD instalados em lares das classes A, B, C e D, estimando-se três espectadores por aparelho.

- O aluguel de um DVD por dois dias no fim de semana custa entre R$ 3,00 e R$ 5,00. Esse mercado está em curva descendente, em vias de ceder a vez para o vídeo por demanda. Isso representa a expectativa de um novo *boom* no consumo do home video.

MERCADO DE TELEVISÃO

- 97% dos municípios brasileiros são atingidos pelas emissões das imagens geradas pelos canais brasileiros de sinal aberto e codificado.
- Desses 45 a 50 milhões de domicílios equipados com aparelhos de TV, apenas 13 milhões recebem a programação das TVs por assinatura.
- Com a vigência da Lei nº 12.485/2012, espera-se que até 2015 se atinja o patamar de 25 milhões de domicílios com acesso a televisão por assinatura.
- Da cifra do negócio do mercado brasileiro do entretenimento, estimada agora em 2012/2013 entre US$ 28 a US$ 30 bilhões, cerca de US$ 18 a US$ 20 bilhões são gerados no mercado de TV, ficando o restante por conta do cinema, da música, do teatro, de shows, futebol etc.

É necessário explicar que a produção cinematográfica e audiovisual está inserida em todas as janelas da cadeia de difusão — salas de cinema, home video, TV por assinatura, TV aberta, internet e telefonia.

É, sem dúvida, o cinema o mais forte conteúdo transmídia, sendo, por essa razão, o conteúdo de maior potencial econômico, inclusive por ser o mais universal.

PROPOSTA
PLANO DIRETOR DO CINEMA BRASILEIRO — DIAGNÓSTICO

O panorama apresentado, que coloca o Brasil em 2º lugar entre os países líderes no crescimento da indústria do entretenimento (que tem o cinema como o "mais forte conteúdo transmídia"), é uma das faces daquela indústria — a do consumo.

Sem embargo, nossa preocupação básica deve ser com a produção cinematográfica. Ou seja, o desenvolvimento de uma forte indústria de cinema no Brasil, disputando o mercado brasileiro e o mercado mundial.

Esse é o objetivo básico do Plano Diretor que vimos apresentar.

Para isso, temos de partir de um diagnóstico que considera três questões fundamentais.

Primeiro, podemos, talvez, afirmar que todo o aparato de órgãos e mecanismos está razoavelmente instalado, e poderia atender o nosso objetivo de tornar nossa atividade cinematográfica autossustentável. Nosso sonho é muito simples: tornar o cinema uma atividade permanente em nosso país, em vez de uma história de curtos ciclos que se abrem e fecham da noite para o dia.

E por que isso não aconteceu ainda? Porque esses mecanismos, a partir da Lei do Audiovisual, estão tamponados por regras e procedimentos burocráticos inadequados e engessadores, que conflitam com a característica dinâmica do sistema de produção das Indústrias Criativas, sobretudo a cinematográfica e audiovisual.

Precisamos rever as regras e procedimentos burocráticos e reorganizar sua vinculação dentro do aparelho administrativo e funcional do Estado (ver desenho e sugestão do modelo institucional a ser apresentado).

Em segundo lugar, é imprescindível considerar que os incentivos fiscais (da Lei do Audiovisual, por exemplo) são conferidos a projetos, quando deveriam ser a empresas.

É na empresa, seja ela pequena ou grande, que deve estar o foco dos estímulos.

Por quê? Para entender esse ponto, é essencial considerar a natureza da indústria cinematográfica. Se uma empresa, ao longo de um ano, produz, digamos, dez filmes, algo como dois ou três irão dar lucro, que servirá para cobrir o prejuízo dos restantes, sete ou oito. É assim que funciona no Brasil, nos Estados Unidos, em toda a parte.

Por isso, temos de construir fortes estruturas empresariais, se quisermos ter uma forte indústria. Nos Estados Unidos, sabidamente, é uma megaindústria que desperta o interesse de grandes investidores, em diferentes setores. Ou entendemos isso, ou nunca teremos solidez no cinema brasileiro.

Em terceiro lugar, a questão do público consumidor de filmes brasileiros.

Heleno foi um grande jogador. O futebol é, e sempre foi, o esporte mais popular no Brasil. Sem embargo, pelo menos nas primeiras semanas, o filme *Heleno* não foi um grande sucesso de bilheteria.

Isso serve para ilustrar o ponto de que há pelo menos dois públicos para o filme brasileiro: de um lado, o público, digamos, das classes A e B. Melhor dito, o público da classe média alta. E, de outro lado, o público das classes C, D e E — o público da grande massa.

É necessário ter uma proposta de comunicação para cada um desses públicos, separadamente. Seja em cinemas, em shopping centers (que podem ser para um público ou para outro), nas locadoras, na televisão — em todas as formas de distribuição e exibição.

E deve-se atentar também para as formas de se levar o cinema para as cidades menores. Tomemos o exemplo dos bancos, que nelas funcionam através de correspondentes ou do "banco postal". Se não houver criatividade, não haverá cinema em cidades pequenas.

PLANO DIRETOR PARA A INDÚSTRIA CINEMATOGRÁFICA E AUDIOVISUAL BRASILEIRA: PROPOSTAS CONCRETAS

1. Reestruturar o Conselho Superior do Cinema e Audiovisual na sua composição, passando de 18 para 12 membros. Deve-se conservar o critério de paridade na representação governamental x classe, voltando a ser vinculado à Casa Civil da Presidência, e a ser presidido pelo Ministro-Chefe da Casa Civil, conforme está definido na MP-2.228. Somente assim, reformulado, poderá o Conselho Superior de Cinema cumprir seu importante papel de órgão formulador das políticas governamentais para o setor.

2. Promover a fusão da Ancine com a Anatel, constituindo uma só agência de regulação e fiscalização do mercado em sua nova

conjuntura, consequência da convergência tecnológica e da Lei nº 12.485.

3. Transformar o atual Fundo Setorial do Audiovisual, operado pelo MinC e pela Ancine, em um órgão autônomo de Fomento à Produção e Difusão da Produção Cinematográfica e Audiovisual. Esse Fundo Setorial deveria estar vinculado ao Ministério da Indústria e Comércio Exterior (MDIC) e operado pelo BNDES, com regras e normas elaboradas pelo Conselho Superior de Cinema.

4. Redimensionar a Secretaria do Audiovisual do MinC, para que possa exercer, efetivamente, seu papel de órgão executor das políticas e ações voltadas para a inovação e o desenvolvimento cultural do cinema e do audiovisual, aprofundando suas funções orientadas para a formação de público, preservação e recuperação das matrizes das obras cinematográficas e audiovisuais brasileiras, o fomento da produção de curtas-metragens e filmes de baixo custo, com vistas à renovação e pesquisa da linguagem; a difusão dos filmes e obras audiovisuais em festivais, mostras e eventos no Brasil e no exterior, a ampliação das relações com outras cinematografias, aumentando o leque das coproduções com outros países, sobretudo com os países latino-americanos, a fomentar a produção de conteúdos de caráter educativo, curriculares e extracurriculares, em estreita conexão com os Ministérios da Educação e da Comunicação, utilizando os pontos de cultura e a banda larga como canais de veiculação desse tipo de produção.

5. É de suma importância que a Secretaria do Audiovisual (MinC) crie, em conexão com o Ministério do Exterior, nas principais embaixadas brasileiras localizadas na América Latina, África, Ásia, Europa e América do Norte, filmotecas para abastecer universidades e instituições culturais com obras audiovisuais brasileiras.

AÇÕES BÁSICAS PARA IMPLEMENTAÇÃO DO PLANO DIRETOR

1. Criar um organismo autônomo, a partir do Fundo Setorial do Audiovisual (órgão já existente), que concentre as operações de fomento, financiamentos, participações. E administrar a análise e aprovação de projetos destinados ao aproveitamento das leis de renúncia fiscal, desburocratizando e desobstruindo os gargalos operacionais que estão engessando a atividade em todos os seus segmentos. Esse órgão de fomento atuaria em regime de fluxo contínuo, atendendo a toda a cadeia produtiva — produção, distribuição, exibição, exportação, financiamento da digitalização dos produtos para exploração em banda larga. Sempre dar prioridade a programas de empresas com projetos de produção de alguns filmes durante no mínimo três anos.

   Semestralmente haveria um relatório que permitisse avaliar o trabalho realizado. Importante: SE NÃO HOUVER ACOMPANHAMENTO E CONTROLE, O PLANO DIRETOR FICARÁ NO PAPEL.

2. Criação de linhas suplementares e especiais no BNDES, no Banco do Brasil, para a instalação de grandes, médios e pequenos núcleos de produção de conteúdos e animação, inclusive jogos eletrônicos.

3. No campo da produção cinematográfica, deveria-se colocar como meta a produção de 120 filmes de longa-metragem até 2014. E atingir 180 a 200 títulos em 2016, para abastecer o mercado de salas e parte da demanda do mercado da TV aberta e por assinatura, uma vez que os canais internacionais de cinema terão uma demanda de 4.200 horas por ano de filmes cinematográficos brasileiros para atender ao cumprimento da cota estabelecida pela Lei nº 12.485. Essa cota para filmes brasileiros poderá ser cumprida com filmes novos e reprises de filmes dos acervos e estoques.

4. O órgão encarregado do fomento terá caráter de Fundo Financeiro e deverá criar parcerias, associando-se a empresas de distribuição especializadas na comercialização de filmes e conteúdos para

salas de cinema, TV e novas mídias, desde que sejam produtos brasileiros e latino-americanos.

5. Estabelecer, juntamente com o BNDES, a Caixa Econômica Federal e o Banco do Brasil, linhas de crédito para a instalação, nos próximos cinco anos, de mais 2 mil salas de cinema localizadas nas periferias urbanas e nas cidades de médio porte nos meios rurais. Com a consecução da meta de ampliar o parque de salas de exibição cinematográfica, dotando o Brasil de mais de 2 mil salas nos próximos cinco anos, estaremos ofertando uma sala para cada 50 mil habitantes. Isso porque, das atuais 2.250 salas, passaríamos a 4.250, ou seja, ainda a um nível inferior ao da Argentina, México, França e outros países. Para atender os municípios abaixo de 30 mil habitantes, deve-se criar uma linha de financiamento de cinemas volantes, para levar o espetáculo do cinema a toda parte no Brasil, e recorrer a outras ideias criativas, como já referido.

A rede de cinemas, sejam as salas ou as unidades volantes, poderia disponibilizar seus horários ociosos (9h da manhã às 15h) para exibições para a rede escolar das cidades e bairros onde estejam localizados.

Essas novas salas poderiam ser instaladas em *street centers* (centros comerciais pequenos), sempre próximos aos conjuntos residenciais do Programa Minha Casa, Minha Vida, funcionando como uma estrutura de serviços comerciais e de utilidade pública, como agências da Caixa Econômica Federal, Correios, centros de saúde, bibliotecas etc.

6. Através do Fundo Financeiro, em conexão com o Banco do Brasil, Caixa Econômica Federal, BNDES, abrir financiamento às pequenas e médias empresas produtoras, e também incentivar a criação de consórcios e cooperativas de produção.

7. Criar mecanismos no Fundo Financeiro para uma carteira destinada ao financiamento de desenvolvimento de projetos, pesquisa, aquisição de direitos, elaboração de roteiros etc., para produção de filmes cinematográficos e conteúdos audiovisuais para TV, internet e novas mídias. São financiamentos reembolsáveis ou transformados em *equity* na comercialização dos produtos gerados.

8. Estimular, através de apoio financeiro, a qualificação de mão de obra artística e técnica, seja em escolas de cinema nos moldes da Escola Darcy Ribeiro ou em universidades, usando sobretudo a capacitação qualificada e também a inovação tecnológica. O aumento da capacidade de produção dependerá do aumento da disponibilidade de mão de obra para manter o nível de competitividade do produto cinematográfico e audiovisual brasileiro, seja para entretenimento, informação e conhecimento, inclusive para a produção de conteúdos para a educação à distância.

9. Estudar a desoneração da rede produtiva do cinema e do audiovisual, que, além de ser altamente tributada, está sujeita ao pagamento de impostos e tributos em cascata.

10. Empenho na aprovação, pelo Congresso Nacional, de algumas leis que lá estão emperradas e que seriam de grande valor para a economia de nosso cinema, como, sobretudo, o Vale Cultura, medida de grande alcance social, econômico e cultural para os diversos setores da rede produtiva, assim como um instrumento de aproximação do povo brasileiro com sua cultura e consigo mesmo.

UM CAPÍTULO À PARTE — ANIMAÇÃO

É vital e indispensável pensar na estruturação de um sistema de produção de conteúdos audiovisuais na base da animação. Esse é um segmento que vem, através dos tempos, produzindo os melhores e maiores resultados econômicos e culturais.

Desde os anos 1940, com a fundação da Walt Disney Company, que o "desenho animado" passou a ser um dos principais ramos do poderoso universo hollywoodiano. A importância desse gênero de produção é que ele foi logo percebido como excelente negócio e extraordinário instrumento de política cultural, dominando o imaginário infantil do planeta.

Esse poder de influência, aliado ao potencial econômico, com o advento da TV e agora mais recentemente com os avanços e a convergência tecnológica, a indústria da animação tornou-se o grande fator de crescimento da produção de conteúdos cinematográficos e audiovisuais, transcendendo o seu papel de entretenimento infanto-juvenil, adquirindo papel importante nas áreas da educação, na formação de mão de obra, nas simulações de trabalhos de engenharia, científicos etc.

Portanto, é impossível pensar num Plano Diretor para o cinema e o audiovisual brasileiro sem enfatizar e priorizar esse segmento, uma vez que o Brasil é, nos dias de hoje, um grande celeiro de talentos criativos para o campo da animação. Mais de 200 jovens desenhistas animadores estão trabalhando para estúdios de animação em Londres, Los Angeles e Nova York.

É uma questão inadiável desenvolver imediatamente um projeto para a instalação de três ou quatro grandes centros de produção de conteúdos de animação. Os conteúdos de animação para entretenimento são os de maiores possibilidades de serem comercializados no mercado internacional, uma vez que é o produto audiovisual mais adequado à dublagem para qualquer idioma.

VISÃO RETROSPECTIVA E FUNDAMENTAÇÃO DO PLANO DIRETOR

Parece-nos indispensável, para fundamentar esta proposta de Plano Diretor, apresentar uma visão retrospectiva do cinema brasileiro.

A recente aprovação da Lei nº 12.485/2012 pelo Congresso Nacional, e sua posterior sanção pela presidente Dilma Rousseff, estabelece, pela primeira vez, condições objetivas para a implementação de uma forte e estável indústria cinematográfica e audiovisual.

Em retrospecto, devemos lembrar que a produção e exibição da imagem cinematográfica se instalaram no Brasil menos de um ano após os irmãos Lumière terem registrado as imagens em movimento de um trem chegando na Gare de La Ciotta, no Sul da França.

De lá para cá, o cinema no Brasil (o setor de produção) viveu de ciclos positivos e negativos, enquanto os setores de distribuição e exibição se firmaram como atividade permanente e estável, uma vez alimentados pela produção internacional, sobretudo a norte-americana, garantindo o abastecimento do produto necessário ao funcionamento do mercado de salas.

O mercado brasileiro de exibição cinematográfica, dadas as dimensões continentais do Brasil, cresceu e se desenvolveu, sobretudo após o acelerado processo de urbanização ocorrido a partir da década de 1930.

A partir dos anos 1940 e até hoje, o Brasil figura entre os dez maiores mercados de exibição cinematográfica do mundo. Esse processo ganhou mais corpo com o advento da TV na década de 1950, e daí por diante não paramos mais de crescer como país consumidor dos produtos cinematográficos e audiovisuais gerados pela indústria de produção estrangeira, principal fornecedora de filmes e outros formatos para as grades de programação das salas de cinema, das TVs de sinal aberto e fechado (por assinatura, *pay-per-view* etc.).

Esse panorama permaneceu inalterado até os anos 1970, quando a Embrafilme, sob a direção de Roberto Farias e desempenhando as funções de fomento à produção e investindo forte na distribuição e comercialização, conseguiu, naquela década, elevar para 38% o *market share* do cinema brasileiro no mercado interno. Isso aconteceu devido às políticas formuladas e desenvolvidas pelo Conselho Nacional de Cinema (Concine) e levadas à prática pela Embrafilme.

Tal modelo institucional governamental se baseava na empresa Embrafilme (sociedade de capital misto), no Conselho Nacional de Cinema e na Fundação do Cinema Brasileiro.

Esse modelo, após atingir seu melhor desempenho na década de 1970, foi, aos poucos, se desgastando no decorrer do governo de João Batista Figueiredo.

No processo de redemocratização, com o advento do governo de José Sarney, foi iniciado um esforço de recuperação do modelo e de sua capacidade operacional, não se conseguindo nada de positivo.

Essa tentativa tinha seu principal ponto de apoio na Lei Sarney, que instituiu a renúncia fiscal para o estímulo da produção cultural, da qual o setor cinematográfico foi o principal beneficiário.

Em pleno processo de retomar sua força de produção e capacidade de ocupação do mercado interno, o cinema volta a ser atacado, dessa vez por decisões do governo Collor, recém-eleito, e que praticamente decidiu extinguir toda a legislação e mecanismos de operação e órgãos do governo voltados à promoção do desenvolvimento da indústria cinematográfica brasileira.

Nessa altura, deu-se o "apagão" do cinema brasileiro, durante os dois anos do período Collor, e as luzes, as câmeras e a ação voltaram a funcionar logo no início da gestão de Itamar Franco, com o aproveitamento das sobras dos recursos da Embrafilme, que estavam congelados, período esse que passou a se chamar *Retomada*.

A *Retomada* foi praticada, em um primeiro momento, no esforço voluntarista e no impulso de quem quer tirar um carro ou um caminhão do atoleiro, para demonstrar e provar que a capacidade de produzir e competir permanecia viva.

A *Retomada* ficou marcada pelos filmes *Carlota Joaquina*, de Carla Camurati, e *O quatrilho*, de Fábio Barreto (primeiro filme brasileiro indicado e nominado para o Oscar de obras estrangeiras). Isso provocou imediatamente a necessidade de se pensar um modelo menos empírico e voluntarista, dando lugar a um modelo mais sistêmico e minimamente baseado num plano estratégico.

Estávamos vivendo o período do governo Fernando Henrique, e o Ministro da Cultura centralizava as ações de todas as áreas de produção cultural, inclusive administrando a operação da Lei do Audiovisual e a Lei Rouanet, numa relação nada saudável entre as atividades culturais de mercado e não de mercado.

A decisão de criar um Grupo Executivo da Indústria Cinematográfica (GEDIC), composto por sete ministros de Estado e cinco representantes do setor cinematográfico, resultou na formulação de um modelo institucional baseado num tripé formado pelo Conselho Superior do Cinema e do Audiovisual, pela Secretaria do Audiovisual do Ministério da Cultura e da Agência Nacional de Cinema (Ancine), criada para regular e fiscalizar as práticas de mercado e criar condições para o desenvolvimento de uma indústria cinematográfica e audiovisual autossustentável.

Esse modelo institucional oficial logo mostrou sua eficiência e capacidade de cumprir as premissas contidas nos textos que motivaram e embasaram a Medida Provisória nº 2.228/61, que instalou legalmente o modelo que executaria o Plano Estratégico do GEDIC.

Implantado esse modelo em 2001, com o Conselho Superior de Cinema encarregado de formular as políticas públicas para o setor, e tendo a Secretaria do Audiovisual (MinC) e a Agência Nacional de Cinema (Ancine) como braços executores das políticas formuladas pelo Conselho Superior de Cinema, já em 2003 o cinema brasileiro, que desde a década de 1990 vinha ocupando apenas de 5% a 7% do mercado, pulou para quase 23% de participação no *market share*.

Do ano de 2003 em diante, o modelo foi sendo desfigurado, com a Ancine se tornando mais uma agência de fomento do que de regulação e fiscalização, e também assumindo o vácuo deixado pela ausência do Conselho Superior de Cinema. A Ancine passou praticamente a exercer esse papel de formulação de políticas, por meio de uma gorda coleção de instruções normativas, instalando no setor da atividade cinematográfica um emaranhado burocrático, causando o crescimento desmedido da estrutura e do campo de ação da Ancine, sobretudo agora com a vigência da Lei nº 12.485, que amplia as competências da agência para a área da TV e novas mídias.

Nesse panorama é que se configurou o diagnóstico que serviu de base para a presente proposta de Plano Diretor do Cinema Brasileiro, na expectativa de que seja efetivamente realizado, e se desenvolva no Brasil uma das Indústrias Criativas mais importantes e para as quais temos evidente vocação.

A Economia Criativa do Carnaval

*Luiz Carlos Prestes Filho**

---

*Especialista em Economia da Cultura.

Nos ESTUDOS *CADEIA Produtiva da Economia do Carnaval,* realizados entre os anos de 2006 e 2009, destacamos que o Carnaval deixou de ser somente a festa da desordem, do desregramento como regra. Hoje, os desfiles de escolas de samba da cidade do Rio de Janeiro, exibidos para turistas brasileiros e estrangeiros, e para espectadores no mundo inteiro, também foram adaptados às imposições tecnológicas da mídia televisiva, subordinados a interesses publicitários. Tanto que o jornalista Sérgio Cabral, autor do livro *As Escolas de Samba do Rio de Janeiro,* afirma sobre esse tema:

> O samba-enredo se transformou em marcha, pois precisa empurrar 5 mil componentes em um desfile com pouco mais de uma hora de duração. As quadras não reúnem mais os compositores e o samba de escola desapareceu. Para comprovar como o samba-enredo não tem mais apelo, basta fazer um teste: peça a alguém para cantar um samba do Carnaval recente. Ninguém conseguirá. Isso mostra que os sambas-enredo são todos semelhantes e não marcam.

Ao mesmo tempo que a classe média expulsa as comunidades pobres das alas, o Carnaval deixa de ser uma festa e passa à condição de negócio. Por isso, constata o jornalista Marlucio Luna:

> Chegou a hora da Escola de Samba S.A. Pois a era romântica ficou para trás. Os barracões das escolas de samba funcionam hoje como linhas de produção de uma moderna fábrica. Softwares sofisticados garantem

carros alegóricos com estruturas mais leves e resistentes. O computador controla os efeitos luminosos que encantam o público no Sambódromo. Os carnavalescos descobrem novos materiais para a confecção de fantasias, alegorias e adereços. Não há mais espaço para amadorismo e improviso.

Eficiência e eficácia, rentabilidade e adequação, receitas e custos, controle e qualidade são os atributos dos desfiles que agora devem prevalecer para atender ao deslumbramento de quem vai assistir aos desfiles, aos interesses públicos da prefeitura com a arrecadação de impostos e taxas, aos interesses privados das indústrias e dos prestadores de serviços com a lucratividade dos produtos vendidos e dos serviços prestados, e aos interesses institucionais das escolas de samba que devem preservar e resguardar a euforia dos aficionados figurantes do desfile, a tradição do grêmio, a gloria da instituição e de seus responsáveis. O prestígio alcançado com uma boa classificação no desfile reforça a posição da escola para negociar, servindo como argumento de venda para futuros patrocínios e obtenção de recursos para novos desfiles. Continua Marlucio Luna:

> Na estrutura da Escola de Samba Unidos S.A., mais vale grana no bolso do que samba no pé. O desfile do Sambódromo se tornou um espetáculo muito mais visual do que musical. Carros alegóricos gigantescos, coreografias complexas nas comissões de frente, fantasias luxuosas e celebridades na avenida são os ingredientes necessários para o sucesso. Se o samba é ruim, isso é compensado com mais brilho nos adereços; se os componentes não sabem cantar o samba, o puxador contratado a peso de ouro dá conta do recado.

Ninguém discorda que o Carnaval da Marquês de Sapucaí, no Rio de Janeiro, é a âncora do Carnaval do Brasil. É desse local que vibra em imagens e cores o carnaval brasileiro para o mundo. Inclusive, para os carnavais de São Paulo, de Pernambuco, da Bahia ou de Porto Alegre. Por mais diferentes que sejam — em suas linguagens visuais, músicas e danças —, todas essas cidades contam com o sucesso da passarela carioca. As escolas de samba do Grupo Especial do Rio de Janeiro são o centro das atenções nacional e internacional durante o carnaval.

DIMENSÃO E TENDÊNCIAS

O agente público organizador, articulador dos elementos de infraestrutura administrativa do Carnaval do Rio de Janeiro — a prefeitura da Cidade Maravilhosa — com a experiência adquirida ao longo de 80 anos, observando as modificações ocorridas, percebeu a necessidade de alterar o formato de apenas dois dias de desfiles do Grupo Especial, no domingo e na segunda-feira, e ampliou o carnaval, estendendo-o, com o apoio dos dirigentes da Liga Independente das Escolas de Samba (Liesa), da Liga das Escolas da Samba do Grupo de Acesso (Lesga) e da Associação das Escolas de Samba da Cidade do Rio de Janeiro (AESCRJ), por uma semana, até o sábado seguinte, com o "desfile das campeãs". Nesse cenário é importante, também, considerar a atuação das seguintes instituições: Associação das Escolas de Samba Mirins (AESM-Rio); Federação de Blocos Carnavalescos do Estado do Rio de Janeiro (FBCERJ); Associação Independente de Blocos de Carnaval da Zona Sul, Santa Teresa e Centro da Cidade (Sebastiana); e Associação Carioca de Blocos e Bandas (Folia Carioca). Todas as instituições citadas representam 93 escolas de samba e 68 blocos. Mas é claro que existem muitos outros blocos e bandas por toda a cidade! Nem todos estão organizados em associações.

O processo de inovações que articula a festa do Carnaval do Rio de Janeiro com a indústria cultural teve seu grande marco no ano de 1984, com a inauguração do Sambódromo pelo governo do estado. Em 2006, foi inaugurada a Cidade do Samba pela prefeitura do Rio de Janeiro. A Cidade do Samba ocupa uma área de 72 mil m², em um terreno de 92 mil m²; tem como proposta reunir toda gama de atividades voltadas para o Carnaval, envolvendo a construção de carros alegóricos e a confecção de fantasias e adereços para os desfiles das 12 escolas do Grupo Especial. Sua instalação objetiva prolongar a vida do Carnaval carioca, importante fonte geradora de renda e empregos, e transformar o conjunto dos barracões — uma fábrica de Carnaval — em um dos principais pontos turísticos da cidade, acrescentando variadas possibilidades de esticar o calendário e expandir a festa por meio de atividades extras fora do período de Momo.

A Cidade do Samba é o resultado de um estudo desenvolvido ao longo de seis anos, cujo investimento montou a R$ 102,6 milhões. Divide-se em 14 galpões, abrigando os barracões das escolas do Grupo Especial, com uma laje de cobertura a 12m de altura. No interior de cada fábrica há um prédio administrativo de três andares, equipado com elevador de carga. No térreo, funciona a recepção, butique, almoxarifado, marcenaria, serralheria, departamento de compras e oficinas. No segundo andar, fica a cozinha, refeitório, vestiários e sanitários para o atendimento de operários. No terceiro andar, estão instalados os escritórios, com vista para a parte interna da fábrica — de onde são acompanhados os trabalhos de montagem de alegorias. O segundo pavimento da fábrica, sobre uma laje de 3 mil m², abriga os ateliês de adereçaria, costura, chapelaria e sapataria, além dos departamentos de moldagem em fibra de vidro, esculturas em isopor e empastelação. Em cada fábrica há uma monovia — trilhos de aço suspensos, que permitem o transporte de esculturas desde a oficina até os carros, onde são armadas (Fonte: Liesa, Riotur, SMO, Prefeitura da Cidade do Rio de Janeiro).

Além disso, a estrutura oferece espaços para espetáculos e exposições, lojas, restaurantes, iluminação especial, passarela e estacionamento para veículos particulares e ônibus de turismo.

Ainda em 2006, em nome da eficiência dos desfiles e da captação adicional de recursos para as escolas do Grupo Especial, foi instituído o desfile técnico no Sambódromo da Marquês de Sapucaí. Com a finalidade de testar a iluminação e o som na avenida, reconhecer o espaço-pista de desfile com a presença e o calor do público, as escolas do Grupo Especial, além de testarem o conjunto, buscam também uma receita adicional para fazer frente às despesas e aos encargos do desfile.

A ideia de expansão da festa de Carnaval, intenção de fato explicitada pela prefeitura, é dar à temporada do verão no Rio de Janeiro uma aura festiva permanente, fazer perdurar durante a maior parte da estação o espírito carnavalesco, dar ambientação à cidade equiparável ao de um "Carnaval" com maior extensão no tempo, contínuo, sem rupturas e uno, desde a passagem de ano, com a festa de Réveillon, passando por um variado leque de eventos musicais que atinge o clímax com algo de projeção internacional, semelhante à apresentação dos Rolling Stones na semana que precedeu o Carnaval em 2006, e fechando a temporada com os festejos carnavalescos propriamente ditos. Essa sequência de eventos movimentou a cidade, atraindo uma plateia de cerca de 4 milhões de circunstantes. No conjunto, a ideia compreende uma sequência de atividades que poderiam compor uma "economia do verão" e sua respectiva cadeia produtiva. O "Rock in Rio" é uma estrela internacional que brilha autônoma nesse contexto.

De qualquer forma, independentemente do porte e da complexidade de uma "economia do verão" no Rio de Janeiro, as transformações ocorridas no Carnaval carioca ao longo de sua evolução, aproximando-o gradativamente da indústria cultural do entretenimento, ensejam desenhar uma cadeia produtiva do Carnaval bastante intrincada e grandiosa. Pois, como já foi dito, além das 12 escolas de samba do Grupo Especial, bem abrigadas na Cidade do Samba, a cidade do Rio de Janeiro tem oficialmente 64 escolas de acesso, 17 escolas mirins e 68 blocos. A maioria sem uma infraestrutura profissional, instalados em barracões na Zona Portuária. Equipamentos públicos hoje requisitados para a realização do projeto Porto Maravilha.

Publicamente a prefeitura do Rio de Janeiro já se pronunciou sobre a necessidade da construção da Cidade do Samba II, para 24 escolas da Lesga, e sobre a construção da Cidade do Samba Mirim, para as 17 escolas das crianças cariocas. Por outro lado, a AESCRJ, que representa 40 agremiações que desfilam na estrada Intendente Magalhães, em Madureira, criou o projeto Passarela Popular do Samba, um novo Sambódromo para ser erguido entre os bairros de Deodoro e Madureira. O local comportaria, além da pista dos desfiles, 40 barracões de produção das agremiações dos grupos C, D e E. Esse projeto está na mesa das autoridades, para estudo de viabilidade econômica. A Passarela Popular do Samba criaria um novo eixo no Carnaval. Desafogaria o centro e a Zona Sul, levaria turistas para a periferia e daria acesso a um equipamento de Carnaval de qualidade para os moradores da região metropolitana.

CADEIA PRODUTIVA DO CARNAVAL

De modo geral, entende-se cadeia produtiva como um conceito representativo das diversas etapas pelas quais passa um processo produtivo para a obtenção de um produto ou produtos, para consumo final. De imediato, estaríamos então falando de um sacrilégio que profana a ciência econômica quando o associamos ao Carnaval? Nem tanto assim.

O conjunto sequenciado de atividades, que organizado em cadeia linear culmina com o desfile das escolas de samba na Marquês de Sapucaí, pode ser percebido como um processo cujo desenrolar, etapa por etapa — da pré-produção ao consumo —, leva ao produto final, que é consumido por milhares de pessoas ao vivo e milhões de telespectadores no país e no mundo. Trata-se da "fabricação", forçando a analogia, de um entretenimento. Desde a produção da matéria-prima que será transformada em fantasias e carros alegóricos, passando pela elaboração de projetos criativos, por obtenção de recursos financeiros, divulgação e marketing, até a recepção pelo público do produto final — o grandioso desfile —, miríades de fases são percorridas para a entrega ao consumo do entretenimento procurado. Poderia ser dito que emoção e encantamento são de fato o produto final procurado pelo consumidor.

Na Economia do Carnaval, o produto carnavalesco por excelência — o desfile das escolas de samba, principalmente as do Grupo Especial — possui um grande potencial de demanda sobre a indústria fornecedora de materiais típicos para a construção de carros alegóricos, tais como plástico, ferragens, isopor, tecidos, tintas etc., e para a confecção de fantasias e adereços, assim como é importante gerador de oportunidades de empregos, contratando serviços de diferentes especialidades, tais como modeladores, costureiras, marceneiros, coreógrafos, entre outros, para a sua produção. Esses materiais e serviços citados constituem, por assim dizer, a economia direta do Carnaval. Acrescente-se à cadeia produtiva que gera diretamente o desfile das escolas de samba, uma série de atividades que concorrem para a sua realização, contribuindo para que o sucesso da empreitada seja o maior possível, e que dela, a realização bem-sucedida, se beneficia indiretamente. Entre os setores que se beneficiam do desfile das escolas de samba, destacam-se a indústria turística (alojamento, alimentação e transporte), a indústria do audiovisual (TV, cinema, DVDs), a indústria fonográfica (CDs), a indústria editorial e gráfica (livros, jornais, revistas, pôsteres, folhetos, artigos gráficos), entretenimento (bailes, espetáculos, bares), instrumentos de percussão, bebidas, serviços do comércio (formal e informal, grande, médio e pequeno), sites da internet (culturais, informativos e comerciais) e uma gama variada de atividades informais.

São ainda importantes atividades integradas à Economia do Carnaval as políticas empreendidas pelo setor público, governos municipal e estadual e as questões, por enquanto embrionárias e pouco exploradas pelos agentes produtores do Carnaval, relativas aos direitos derivados da propriedade intelectual e dos direitos de personalidade. Aquelas, principalmente sob os aspectos industriais e de licenciamentos, esses, com relação aos direitos de imagem e de arena. Sob o ângulo da propriedade intelectual, o tema do direito autoral musical encontra-se bem mais avançado, constituindo-se mesmo em fonte ponderável de arrecadação de valores financeiros tanto para as escolas quanto para os compositores e intérpretes de sambas-enredo. Com relação às políticas desenvolvidas pelo setor público em benefício do Carnaval, destacam-se a alocação de recursos para a infraestrutura da festa, particularmente a construção do Sambódromo e da Cidade do Samba e adornos urbanos; os recursos públicos destinados a subsidiar os gastos das agremiações carnavalescas com o desfile e, indiretamente, implementando política tributária não direcionada exclusivamente para as atividades carnavalescas, porém de incentivo a setores que produzem mercadorias que também são utilizadas por escolas de samba na "fabricação" do desfile.

CADEIA PRODUTIVA — PRINCIPAIS ELOS

Os principais elos de uma cadeia produtiva podem ser identificados, de modo geral, como pré-produção, produção, distribuição, comercialização e consumo, os quais foram adotados em nosso estudo.

PRÉ-PRODUÇÃO

No caso do Carnaval, a pré-produção traduz-se pela manufatura e suprimento das matérias-primas necessárias à "fabricação" dos desfiles pelas escolas de samba, privilegiadamente àquelas que pertencem ao Grupo Especial; secundariamente, pelo fornecimento dos mesmos insumos às agremiações que produzem os desfiles nos segmentos de acesso, ou seja, as escolas de samba pertencentes aos grupos Especial, A, B, C, D e E, assim como, em menor escala, aos blocos carnavalescos e bandas; suprimento aos fabricantes e confecções que produzirão os artigos carnavalescos que serão colocados à venda nas lojas varejistas para consumo dos foliões, principalmente nos polos comerciais da Saara e de Madureira.

As mercadorias usadas pelas escolas de samba são, em sua maior parte, provenientes das seguintes indústrias, ou de seus revendedores: borracha e plástico, vestuário e calçados, papel e celulose, produção de madeira, têxtil, metalúrgica, tintas, couro, vidro; em menores quantidades, são também demandados artigos produzidos pelas indústrias de material eletroeletrônico, máquinas e equipamentos etc. Cerca de 70% da demanda são atendidas pela indústria paulista.

PRODUÇÃO

A transformação dos insumos em artigos de consumo final para revenda no comércio varejista ocorre tradicionalmente ou em pequenas empresas fabris, ou empresas de confecção, conforme o caso. As mercadorias são distribuídas regularmente às lojas de varejo para comercialização, sendo que apenas algumas dessas unidades comerciais são especializadas em revender com exclusividade artigos carnavalescos; a maioria aproveita a sazonalidade da festa para se dedicar durante alguns meses ao comércio desses artigos, como, por exemplo, tecidos típicos para uso no Carnaval, fantasias, máscaras, confetes, serpentinas etc. Com relação à produção do desfile das escolas de samba, de maior interesse para a Economia do Carnaval, o estudo irá se deter na análise do processo produtivo das escolas de samba do Grupo Especial, considerando, todavia, que as demais entidades produtoras de desfiles, integrantes dos grupos de acesso, assim como blocos e bandas, diferenciam-se daquelas em quantidade e qualidade, mas guardam similaridade, sob a maior parte dos aspectos, na execução de tarefas e ações. Na verdade, essas considerações podem ser aplicadas entre as escolas de samba no âmbito do próprio Grupo Especial, onde diferenças de tamanho e porte, despesas e receitas são apreciáveis.

No caso das escolas do Grupo Especial, o centro de atividades de produção dos desfiles está atualmente localizado na Cidade do Samba, nos assim denominados "barracões do samba" destinados a cada uma das 12 escolas que integram o Grupo Especial.

No centro de produção, no assim chamado "barracão do samba", dá-se o recebimento do material, que será transformado visando a realização do desfile. O material é definido a partir das atividades de criação, ou seja, da elaboração dos projetos em que são concebidas e concretizadas as ideias referentes ao enredo que será desenvolvido, e como será desenvolvido, os desenhos representativos das fantasias e adereços, a cenografia dos carros alegóricos e suas alegorias. A coreografia das alas e dos passistas e a criação da música integram também o conjunto de ações com conteúdo de criatividade.

No barracão, a transformação da matéria-prima ocorre nas áreas disponíveis para as instalações do ateliê e da oficina. Nessa são executadas as tarefas de engenharia e arte dos carros alegóricos com o emprego, onde se fizer necessário, de inovações tecnológicas adequadas às finalidades do desfile; no ateliê são executadas as atividades de confecção, adereçaria, sapataria, chapelaria etc.

No barracão, também estão localizadas as áreas administrativas com as respectivas diretorias. Essas se encarregam das finanças, receitas e despesas, venda de publicidade, marketing do enredo, patrocínio e subvenções, supervisão e controle do almoxarifado, da organização para a escolha do samba-enredo e os ensaios. Atualmente, e de modo geral, as escolas selecionam o tema do enredo em função da possibilidade de ser vendido para patrocinadores em potencial. Também os espaços existentes nas quadras de ensaio são objeto de venda publicitária. Uma atividade de marketing importante é a escolha do samba que cantará o enredo do desfile, prolongando no tempo os ensaios específicos que de semana em semana suprimem as composições que o júri julga sem os atributos adequados para a sustentação do desfile. O tempo de duração da escolha do samba é dedicado à conquista do consumidor do desfile; se a melodia e a lírica do samba empolgarem esse consumidor, ele será cativado e certamente aderirá às cores da escola com maior motivação.

Distribuição e comercialização

A distribuição diz respeito, via de regra, à colocação de uma mercadoria nos locais onde será comercializada para posterior consumo. No caso do desfile de uma escola de samba, o que é distribuído é o nome da escola, através da divulgação na mídia, do processo de seleção do samba e da publicidade que o patrocinador venha a fazer. Sua comercialização (do desfile) dá-se no Sambódromo e nos ensaios, e, por via de diferentes formatos publicitários, nas TVs, emissoras de rádio, jornais, revistas, folhetos e internet.

Consumo

Finalmente seu consumo ocorre ao vivo e diretamente no Sambódromo e nos camarotes; indiretamente, no Terreirão do Samba; ocorre ainda por intermédio da venda de DVDs, CDs, vídeos, livros e filmes para o cinema. O desfile é exportado, sendo consumido no exterior via transmissão de imagens pela TV; o Carnaval como festa popular com suas características culturais também é replicado em diversos países.

Setores que se beneficiam do Carnaval economicamente

Todo processo de industrialização e venda do Carnaval pela escola de samba, da sua análise sob a forma de cadeia produtiva do desfile, não conduz à identificação de um valor que constitua apropriação de um excedente, de um lucro pela entidade carnavalesca, até porque ele não existe; não é finalidade do desfile gerar lucro. Vale a glória de estar sob os olhares de meio mundo, vale o brilho, muito brilho sob as luzes da passarela do samba, vale a alegria de desfilar cantando, vale o encanto da plateia. Porém, nem todo mundo está ali para brincar. Um bom número de setores industriais e de comércio se beneficia financeiramente do desfile.

A indústria do audiovisual através da transmissão nacional e internacional das imagens criadas e produzidas pelas escolas, pela venda de filmes cinematográficos, DVDs, CD-ROMs e vídeos, e as rádios, pela transmissão das músicas de enredo. A indústria fonográfica pela venda de CDs com as músicas de Carnaval, e a pirataria, em geral, pelo fraudulento processo de fabricação de discos de áudio e DVDs. A indústria editorial e gráfica pela edição de revistas, folhetos, jornais, pôsteres e livros. A indústria turística, pela venda de transporte, alojamento e alimento. A indústria do entretenimento, pela venda de bailes, espetáculos e ambientes de bem-estar e diversão em bares e restaurantes. A internet, pela visitação de sites culturais, informativos e comerciais. A indústria de instrumentos de percussão, a indústria de bebidas, enfim, uma multiplicidade de segmentos industriais e comerciais que integram uns como beneficiários diretos, e outros, indiretos, os segmentos da cadeia produtiva dos desfiles de Carnaval.

Emprego e renda na cadeia produtiva do Carnaval

No ano de 2000, foi publicado o *Estudo do Carnaval no Rio de Janeiro*, sobre geração de renda e criação de postos de trabalho, elaborado por uma equipe técnica sob a coordenação do engenheiro

Jorge Hori, para subsidiar programas de intermediação de vagas e de qualificação profissional da Central de Apoio ao Trabalhador, órgão mantido pela Social Democracia Sindical (SDS), em parceria com o Ministério do Trabalho.

O estudo teve por objetivo específico estimar a quantidade de trabalhadores mobilizados para atender o volume de empregos criados. Ao incorporar uma dimensão temporal ao indicador — postos de trabalho/mês —, definiu, em consequência, o tempo que o emprego se manteve.

Postos de trabalho/mês é um indicador obtido pela divisão entre o valor total alocado ao pagamento da mão de obra (pelos agentes primários — hotéis, restaurantes, comércio etc. — e seus fornecedores diretos, ambos considerados em relação ao presente estudo sobre a indústria do Carnaval) dividido pelo salário médio mensal da categoria pertencente ao respectivo setor de atividade, com os dados sendo obtidos junto ao Rais/Caged, e tornados disponíveis pelo Ministério do Trabalho. O estudo procurou ser bastante abrangente, incluindo a formação de receitas em estruturas econômicas de grande porte, como, por exemplo, aquela formada pelos fluxos turísticos, até atividades geradas por micronegócios, como o comércio de alimentos por trabalhadores informais, ou acessórios típicos compatíveis com trajes e fantasias característicos da festa; dividiu os consumidores, fonte dos gastos geradores de receitas, em turistas (nacionais e estrangeiros) e foliões cariocas; aos turistas e foliões classificou-os por faixa de gastos e por tipo de consumo (desfiles e bailes). Distribuiu os gastos dos turistas por hospedagem, transporte, alimentação, eventos carnavalescos e outros, estimando em R$ 2,906 milhões (ano de 2000) o gasto total, no período, de um casal de turistas proveniente da cidade de São Paulo. Analisou os produtores do Carnaval dividindo-os em escolas de samba (grupos Especial e de Acesso) e demais produtores (mídia, artigos carnavalescos e supridores de mercadorias e serviços em geral). Subdividiu as atividades das escolas de samba em construção dos carros alegóricos, confecção de fantasias, composição do samba-enredo, divulgação e ensaios, estimando seus custos e necessidades de financiamento. O detalhamento e a minuciosidade do estudo decorreram possivelmente do seu principal objetivo, que foi o de identificar o potencial de criação de empregos pela indústria do Carnaval.

Valores monetarios do emprego e da renda

No mencionado estudo da Social Democracia Sindical, os valores estimados para renda e pelo emprego o foram a preços correntes de fevereiro/março de 2000. O produto oferecido em 2006, ou seja, o desfile das escolas de samba do Grupo Especial, continuou exatamente do mesmo tamanho. Significa que a oferta não variou. Portanto, se a produção quantitativa continuou igual e a oferta não variou, a quantidade de trabalho é a mesma de 2000 e, considerada a desvalorização da moeda no período, apenas variaram os preços e, por conseguinte, a renda.

Utilizando a série histórica do IPCA, verifica-se que a inflação ascendeu a 59,65% entre os anos de 2000 e 2006. Atualizando-se, então, os valores monetários encontrados naquele estudo realizado no ano de 2000, ter-se-á uma estimativa aproximada dos valores de faturamento e de rendas salariais da mão de obra empregada no Carnaval de 2006, observando-se que a quantidade de horas trabalhadas permaneceu igual.

No recente período carnavalesco houve, portanto, uma oferta de 264,5 mil postos de trabalho/mês, tendo sido mobilizados para o desempenho das tarefas decorrentes 470,3 mil trabalhadores (números equivalentes aos verificados em 2000). Em 2006, a indústria do Carnaval na cidade do Rio de Janeiro gerou uma receita correspondente aos gastos primários das pessoas, empresas, associações e da prefeitura da ordem de R$ 664,3 milhões, dos quais R$ 289 milhões (43,5%) referentes ao pagamento de mão de obra.

Totalização

Em resumo, o Carnaval no Rio, no ano de 2000, gerou receita na ordem de R$ 416,1 milhões, atraindo uma média de 310 mil turistas.

No ano de 2006, com a mesma média de 310 mil turistas, o Carnaval movimentou R$ 665 milhões.

Neste ano de 2012, o Carnaval atraiu para o Rio de Janeiro 850 mil turistas, gerando o movimento de R$ 1,1 bilhão.

Considerando que nesta década a festa gerou, todo ano, 264,5 mil postos de trabalho, para a execução de 470,3 mil tarefas, verificamos que o Carnaval é um segmento econômico que merece um acompanhamento técnico aprimorado.

Infelizmente os números apresentados foram levantados em pesquisas realizadas com metodologias diferentes; por essa razão, estão sujeitos a eventuais contestações. Mas acreditamos que, mesmo apoiados em estimativas circunstanciadas, demonstram a força da Economia Criativa do Carnaval da cidade do Rio de Janeiro.

"Indústrias Criativas" — modelo de atuação do Museu da Gente Sergipana

Saumíneo da Silva Nascimento*

---

*Secretário de Desenvolvimento Econômico, Ciência e Tecnologia do Estado de Sergipe.

INTRODUÇÃO

Em 19 de janeiro de 2009, o Banco do Estado de Sergipe (Banese) fundou o Instituto Banese, trazendo como projeto-âncora o Museu da Gente Sergipana. O instituto foi reconhecido como de Utilidade Pública Municipal pela Lei n° 4.044 de 3 de junho de 2011. Obteve o reconhecimento de Utilidade Pública Estadual através da Lei n° 7.131 de 26 de abril de 2011.

Ao completar 50 anos de serviços prestados a Sergipe, o Banese entregou à sociedade o Museu da Gente Sergipana, um espaço voltado para expor o acervo do patrimônio cultural material e imaterial do estado de Sergipe, através de instalações em multimídia interativa e exposições itinerantes.

O Museu da Gente Sergipana foi construído a partir de vasta pesquisa, com participação de curadores locais e de registros em todo o estado. Trata-se de um centro cultural dinâmico, núcleo interpretativo da cultura de Sergipe e um portal de aproximação com os meios artísticos local, nacional e internacional, através do intercâmbio de exposições.

É um espaço cultural, por meio do qual o Instituto Banese pretende valorizar a identidade sergipana através de imagens, sons e signos representativos. É um museu voltado para o registro e o fomento da produção cultural do estado. Para sediar o museu, o Banese optou por restaurar um dos principais monumentos arquitetônicos do estado de Sergipe, o prédio do antigo Atheneuzinho, localizado na avenida Ivo do Prado, n° 398.

HISTÓRICO DO PRÉDIO

O Museu da Gente Sergipana fica localizado onde antes funcionou o Colégio Atheneu Dom Pedro II.

O prédio foi construído pelo então presidente da província de Sergipe Del Rei, Graccho Cardoso, em 1926, à maneira da arquitetura eclética, influenciada pela Escola Nacional de Belas Artes, e é um dos mais significativos exemplares dessa tendência em Sergipe. O estilo arquitetônico é caracterizado pela combinação de elementos de outras escolas, como a arquitetura clássica, medieval, renascentista e barroca.

Por quase meio século, seus pátios e salões foram o palco da vida dos estudantes sergipanos. Esse estado durou até os anos 1970, quando o prédio passou a sediar várias instituições e órgãos públicos.

Depois de fazer parte da formação de diversos sergipanos, o Atheneuzinho contribuiu para a memória e divulgação do estado de Sergipe, sediando o Arquivo Público e a Empresa Sergipana de Turismo. O prédio foi tombado pelo governo do estado em 28 de janeiro de 1985 pelo Decreto de Tombamento nº 6.820. A Secretaria Estadual de Educação foi o último órgão em funcionamento no edifício, que foi desativado em 1996.

Em outubro de 2009, foi iniciado o projeto de restauração do prédio para sediar o Museu da Gente Sergipana.

O PROJETO DE RESTAURAÇÃO E REFORMA

Por se tratar de um monumento arquitetônico tombado, o projeto seguiu toda a tramitação necessária e foi aprovado pelo Conselho Estadual de Cultura através do Parecer Técnico nº 06/2008.

Apesar de diversas intervenções malsucedidas e do completo estado de abandono em que a edificação se encontrava, foi possível inventariar todos os elementos caracterizadores da arquitetura em foco através de pesquisas em documentos históricos, fotografias de acervos público e particular, além de importantes registros orais de pessoas que participaram da vida ativa do prédio, sejam como alunos do antigo Atheneu Dom Pedro II ou mesmo historiadores e pesquisadores.

Restaurar um monumento arquitetônico é uma tarefa multidisciplinar complexa, que exigiu a participação de diversos profissionais, entre arquitetos, engenheiros, designers, historiadores, pesquisadores e artistas. O projeto arquitetônico de restauração e de ampliação foi concebido pelo escritório sergipano Ágora Arquitetos Associados, que realizou todo o inventário e diagnóstico do prédio, descrevendo as diretrizes de restauro para as diversas situações através de fichas de restauro, que mapearam todos os elementos artísticos presentes.

O projeto arquitetônico foi elaborado para ressignificar o prédio, transformando-o em museu interativo, buscando atender aos princípios da acessibilidade universal, através da inserção de rampas, elevadores e toda a infraestrutura física necessária. Internamente a edificação precisou de intervenções mais incisivas; por exemplo, vãos internos tiveram de ser ampliados para atender a uma nova setorização, fluxos e instalação da museografia e equipamentos. Como elemento estrutural demarcatório entre o antigo e o novo, optou-se pela implantação de vigas e pilares de aço, cuja função é atender às novas demandas de cargas e assinalar a marcação das alvenarias que foram subtraídas.

Para abrigar o setor administrativo, o café e a sede do Instituto Banese, foi construída uma edificação contemporânea na extremidade anterior do lote do complexo.

Foram adquiridos terrenos laterais, que possibilitaram a construção de um estacionamento privativo. Através dessa área é possível fazer a interlocução visual entre a praça Camerino e o rio Sergipe.

O resultado final foi caracterizado pela composição harmônica entre o antigo, restaurado e reintegrado ao cenário urbano do Centro Histórico de Aracaju, e o novo, marcado pela inserção de estruturas metálicas neutras e vidro.

LOCALIZAÇÃO

O Museu da Gente Sergipana está inserido no circuito cultural do centro histórico da cidade de Aracaju, capital de Sergipe, onde se concentram diversas repartições públicas, além de instituições financeiras, empresas comerciais (lojas, farmácias, magazines, entre outros) que atraem diariamente vasto fluxo de pessoas.

Ainda na área geográfica, nas proximidades do Museu da Gente Sergipana, localizam-se o Palácio Museu Olímpio Campos, a Catedral Metropolitana, a Rua do Turista, o Centro de Turismo e o Mercado Municipal, responsáveis pelo fluxo de visitantes nacionais e internacionais.

Além da sua privilegiada localização, nas proximidades dos calçadões da rua João Pessoa, São Cristóvão e Laranjeiras, o museu possui ainda um grande diferencial: estacionamento privativo, com disponibilidade de aproximadamente 100 vagas para veículos utilitários. Somando-se a tudo isso a vista privilegiada do estuário do rio Sergipe e da ilha de Santa Luzia.

Toda a infraestrutura do museu possui acessibilidade universal, através da inserção de rampas, elevadores, pisos táteis e toaletes especiais.

PROJETO MUSEOGRÁFICO

O projeto museográfico do Museu da Gente Sergipana é assinado pelo renomado designer e curador Marcello Dantas, responsável pela curadoria e concepção do Museu da Língua Portuguesa, em São Paulo.

As instalações projetadas buscam propiciar uma experiência sensorial de imersão na cultura sergipana por meio de recursos interativos de multimídia. Assim, através do roteiro de visitação, o público terá a oportunidade de conhecer Sergipe através de diversas informações expostas em imagens, sons e objetos representativos. São apresentadas informações e curiosidades que perpassam diversos temas sobre a arte, cultura, história e meio ambiente.

O itinerário expositivo contempla os seguintes espaços:

TÉRREO

- Foyer — hall de acesso.
- Loja da Gente — espaço destinado a comercializar suvenires, publicações, CDs, DVDs, produtos de arte e artesanato da cultura sergipana.

- Espaço de Exposições Temporárias — com a primeira exposição, "Os 50 Anos do Banese" — local para intercâmbio de exposições.
- Auditório — com capacidade para 100 pessoas.
- Átrio — Mapa da Gente — instalação com depoimentos de moradores de cada território do estado.
- Café da Gente — espaço gastronômico voltado para a culinária com ingredientes da cozinha sergipana.
- Espaço de serviços.

ÁREA EXTERNA

- Bilheteria.
- Estacionamento com capacidade para mais de 100 veículos.
- Subestação.

1º ANDAR

- Midiateca/Renda do Tempo — espaço com acervo físico e iPads para consultas interativas.
- Nossas Histórias — labirinto de espelhos apresentando artesanato, modos de vida, aspectos da economia do estado, "causos" e lendas.
- Nossas Praças — instalação interativa, acessada através de um carrossel, apresentando as praças de Sergipe.
- Nossos Cabras — instalação interativa com personalidades sergipanas.
- Nossas Coisinhas — jogo da memória com objetos representativos da cultura sergipana.
- Nossas Festas — jogos tradicionais/instalação interativa com vídeos sobre as festas de Sergipe.
- Nossos Marcos — instalação interativa apresentando os principais monumentos arquitetônicos do estado.
- Nossos Trajes — instalação interativa com um espelho revelando a diversidade da indumentária do folclore sergipano.
- Josevende — A Feira, instalação interativa que apresenta um feirante virtual típico das feiras de Sergipe com cenografia física.

- Cabines Interativas (Seu Cordel, Seu Repente) — instalações interativas com terminais de gravação de cordel e repente — as gravações podem ser enviadas ao youtube pelos autores em tempo real.
- Nossos Leitos — túnel com projeção em 360° apresentando a diversidade da fauna e flora sergipanas. Nessa instalação é possível uma "imersão" nos ecossistemas do estado através de um barco com tração mecânica.
- Nossos Pratos — mesa interativa gastronômica apresentando os principais ingredientes e pratos da culinária sergipana.
- Nossas Roças — jogo interativo voltado para o cultivo da agricultura familiar e da pecuária.

PRÉDIO ADMINISTRATIVO

- Sede do Instituto Banese/Museu da Gente Sergipana.
- Salas da gestão do Instituto Banese/Museu da Gente Sergipana.
- Salas da administração.
- Núcleo de arte, tecnologia e cidadania: laboratórios de artes digitais, coordenação, sala de reuniões e almoxarifado.
- Toaletes.
- Escada/elevador.
- Setor de serviço.

PÚBLICO

O Museu da Gente Sergipana foi inaugurado no dia 26 de novembro de 2011. Funciona diariamente, de terça-feira a domingo, das 10h às 18h. A frequência tem superado as expectativas e o fluxo médio diário é de aproximadamente 500 visitantes.

O público visitante é formado por todas as faixas etárias, pois, embora o museu seja interativo, os recursos tecnológicos utilizados são acessíveis e não exigem conhecimentos específicos em informática.

A receptividade tem sido bastante satisfatória, podendo ser comprovada através do livro de registro de depoimentos, presente na recepção do museu — instrumento balizador de críticas, elogios e sugestões para possíveis melhorias.

Um grande número de turistas visita o museu, assim como alunos de escolas das redes pública e particular de ensino, sergipanos de todas as regiões do estado.

PROJETO EDUCATIVO

O Museu da Gente Sergipana possui um projeto educativo que contempla o receptivo de atendimento ao público através de visitas guiadas e espontâneas. Os monitores (educadores) foram selecionados e capacitados pela empresa Sapoti, que possui renomada experiência no setor, inclusive desenvolvendo projetos educacionais para os centros culturais do Banco do Brasil.

Existe um programa educativo para mediação e aprofundamento dos conteúdos do museu: trata-se de uma publicação didática que apresenta a museografia e conteúdos do acervo. Os trabalhos dos monitores são acompanhados diretamente pelos supervisores.

INTERCÂMBIO DE EXPOSIÇÕES

O Museu da Gente Sergipana possui uma Galeria de Exposições Temporárias; é o espaço destinado para o intercâmbio cultural. Através de um programa anual, haverá instalações de exposições com temáticas sergipanas, intercaladas por exposições dos circuitos nacional e internacional. É local próprio para propiciar a concepção de novos produtos expográficos e oportunizar o conhecimento e aprofundamento das culturas local e global.

A primeira exposição da galeria tem como temática "Os 50 Anos do Banese" — tem-se programadas duas exposições para o primeiro semestre de 2012: "Maria Bonita" e o "Mapa Imaginário de Sergipe".

CINE-MUSEU

O Museu da Gente Sergipana possui um cine-teatro com capacidade para 100 pessoas. É um espaço com acústica e iluminação tecnicamente adequadas e que possui em sua estrutura o atendimento aos princípios da acessibilidade universal.

Inicialmente o projeto tratou da apresentação de cinema nacional, através de um programa voltado para a valorização de produções brasileiras e com diversas temáticas de exibição, contemplando faixas etárias e públicos variados.

O museu é associado da Programadora Brasil e possuirá em seu acervo mais de 200 títulos validados pelo MinC.

CONCLUSÃO

Entendo que dentro da lógica de Indústrias Criativas, o Museu da Gente Sergipana tem sido uma grande oportunidade tanto para a população local como para visitantes de outras localidades do Brasil e do exterior de conhecer de forma diferenciada a cultura de um povo. Tive a honra de ser o presidente do Banco do Estado de Sergipe quando da inauguração do Museu da Gente Sergipana, construído sob a determinação e orientação estratégica do governador Marcelo Deda em contribuir para a melhoria da qualidade de vida da população sergipana, ampliando a oferta de espaços públicos para contemplação da nossa gente.

TERCEIRA PARTE

FAVELA COMO OPORTUNIDADE: PLANO DE DESENVOLVIMENTO DE FAVELAS PARA SUA INCLUSÃO SOCIAL E ECONÔMICA

Contribuição da Igreja Católica para o desenvolvimento das comunidades (favelas)

*Dom Orani João Tempesta, O. Cist.**

---

*Arcebispo Metropolitano do Rio de Janeiro.

O Fórum Nacional do Inae, agora em sua 24ª edição, representa um espaço importante no debate de temas fundamentais para o futuro do país. A temática voltada para uma análise da nossa realidade, sob os diversos enfoques das entidades participantes, recebe abordagens cuja complementaridade contribui para uma perspectiva global da questão e o respectivo encaminhamento de soluções.

Historicamente a Igreja Católica sempre teve uma participação atuante nas questões sociais e de assistência aos mais carentes. A Arquidiocese do Rio de Janeiro com suas Pastorais Sociais, dentre elas a Pastoral das Favelas, procura levar adiante essa missão, evidentemente dentro da perspectiva dos tempos atuais e das demandas próprias das nossas comunidades. Em vista desse objetivo é que trabalhamos em unidade com os seus moradores, ouvindo-os como protagonistas das ideias de transformação.

Um episódio emblemático dessa parceria, que vem se desenvolvendo ao longo de décadas, foi o trabalho social desenvolvido pela Arquidiocese do Rio de Janeiro na comunidade do Vidigal, ao tempo de meu predecessor, o cardeal Dom Eugênio Sales. O respeito à dignidade daquelas pessoas e a preocupação com sua promoção humana e social produziram resultados notáveis, que puderam ser, inclusive, observados pelo papa João Paulo II, quando de sua primeira visita ao Rio de Janeiro.

Vivemos, agora, um momento importante para o Brasil e para o Rio de Janeiro, tanto pelos eventos que serão realizados em nossa cidade como pela atual estabilidade da economia brasileira, atraindo para nós o olhar das outras nações e colocando o nosso país em situação nunca antes tão privilegiada para o diálogo internacional.

Entretanto, ainda existem muitos questionamentos sobre a desigualdade social que carregamos como uma marca de triste memória histórica, cujo ônus hoje nos é cobrado pela realidade das favelas e dos locais onde a omissão dos governos permitiu o domínio pelo tráfico de drogas ou pelas milícias.

A implementação de infraestrutura urbana, como saneamento básico, malhas viárias e meios de transporte adequados, não acompanhou o crescimento urbano e populacional. Isso deu origem a distorções próprias das comunidades carentes, nas quais a dificuldade e o custo da locomoção levaram muitos a morar próximos aos locais de trabalho, mesmo que isso significasse uma habitação precária em segurança, conforto e higiene.

Outro aspecto relevante é o levantamento de dados, como o Índice de Desenvolvimento Humano, o número de doenças infectocontagiosas, a mortalidade infantil, que, entre outras questões, provam que o desafio da inclusão social e econômica ainda está longe de ser vencido. A cultura criada ao longo de todos esses anos manifesta luzes e sombras que precisam ser harmonizadas para que todos se sintam habitantes com direitos iguais dentro da sociedade.

Para isso a consciência da cidadania deve ser implementada entre a população, em todos os âmbitos, seja pela solução de questões como a fundiária, educacional, social, de infraestrutura e saneamento básicos, habitação e lazer. As mesmas facilidades e apoio do Poder Público que encontramos nos bairros deveríamos também encontrar nas favelas.

Muitas instâncias da sociedade estão desenvolvendo esforços nesse sentido. Não podemos deixar de registrar as iniciativas do governo para a retomada dos locais dominados pelo tráfico e pelas milícias com a implantação da ordem pública, através da inauguração das Unidades de Polícia Pacificadora (UPPs), que vão se estendendo a diversas regiões da cidade. Além disso, o número de ONGs que atuam nas favelas é grande. Porém, torna-se necessária uma ação articulada para que o trabalho seja mais produtivo e os resultados, mais eficazes.

Depois dos grandes debates nessa semana, com as preocupações voltadas para a macroeconomia, olhar para a realidade das favelas é procurar caminhos que, respeitando o protagonismo do morador da comunidade, encontrem oportunidades para o desenvolvimento humano e social naqueles locais onde residem tantas famílias. É fundamental que os representantes das comunidades partilhem suas preocupações e indiquem soluções para o desenvolvimento nas favelas, com a inclusão de seus habitantes.

A Igreja Católica, que sempre esteve junto ao povo, caminhando com ele em todas as situações, sobretudo as de maior carência, continuará a oferecer sua contribuição para solucionar esses e tantos outros problemas, fiel ao seu compromisso de unidade e colaboração na trajetória a caminho da civilização do amor.

Estratégia do governo do Rio de Janeiro para o desenvolvimento das comunidades (favelas)

Luiz Fernando de Souza Pezão*

---

*Vice-governador do Estado do Rio Janeiro.

EM 2007, O PROGRAMA DE ACELERAÇÃO do Crescimento (PAC) foi lançado em todo o Brasil, englobando um conjunto de políticas sociais e econômicas, com o objetivo de acelerar o crescimento econômico do país. Uma das prioridades é o investimento em infraestrutura, em áreas como saneamento, habitação, transporte, energia e recursos hídricos.

No Estado do Rio de Janeiro, foram elencadas 15 cidades, sendo 12 municípios da região metropolitana e três cidades de outras regiões. A proposta inicial era atender 400 mil famílias, com um investimento de R$ 2 bilhões, sendo 2,5% desse valor destinados à execução do trabalho social.

No Rio de Janeiro, as intervenções concentram-se nas comunidades de Manguinhos, Complexo do Alemão, Rocinha, Pavão-Pavãozinho/Cantagalo, além de Preventório, em Niterói. O objetivo geral é transformar intervenções físicas de urbanização em processos de desenvolvimento sustentável, congregando obras que geram a transformação do território com crescimento econômico e participação comunitária. Ou seja, a proposta inovadora do estado prevê a urbanização integrada na qual os componentes físico, social e legal trabalham de forma conjunta e interagem durante todo o projeto, otimizando recursos, acelerando etapas e ampliando o conhecimento do território pelo governo, com comprometimento da população.

Em análise mais ampla, o PAC Urbanização de Favelas é uma política pública que tem como objetivo a redução das desigualdades sociais no país e busca garantir o direito à cidadania aos habitantes dessas comunidades. Um dos desafios do governo do estado, que esteve ausente por mais de 20 anos dessas comunidades, foi de ganhar novamente a credibilidade da população, que se encontrava inicialmente desconfiada devido aos muitos anos de abandono, com o poder paralelo dominando esses territórios.

O estado optou por trabalhar fortemente a questão social, no sentido de garantir o diálogo social permanente, proposto pela equipe do Escritório de Gerenciamento de Projetos (EGP) Rio-Social. Para isso contratou empresas especializadas na condução de trabalho social, com capacidade de executar essa nova proposta participativa e diferenciada, em que a voz e o desejo da comunidade são o norte. Foram montados canteiros sociais para a realização desse trabalho, que se baseia em três diferentes áreas de atuação:

CENSO DOMICILIAR E EMPRESARIAL

A realização do censo domiciliar tem o objetivo de criar um "retrato fiel" das comunidades envolvidas, a fim de subsidiar o trabalho a ser desenvolvido. Como resultado, temos o mapeamento completo sobre renda, escolaridade, atendimentos e serviços locais, condição e qualidade de vida, entre outros, dos moradores residentes na área. Já o censo empresarial identificou e avaliou o universo das empresas formais e informais e empreendedores instalados nas comunidades.

GESTÃO DE IMPACTOS E DESENVOLVIMENTO SUSTENTÁVEL

Gestão de impactos

As grandes intervenções físicas suscitam muitos riscos para o empreendimento, e questões de natureza social podem dificultar sua realização. Por isso, a *gestão de impactos* visa minimizar os impactos negativos causados pelas obras, como o transtorno à mobilidade, interrupção de serviços e realocação de moradores, e também maximizar os impactos positivos, como a geração de trabalho e renda e melhorias na infraestrutura e serviços ao cidadão e ao território. Além disso, visa, ainda, propiciar o diálogo social junto às famílias e empresas locais a serem remanejadas, buscando soluções capazes de atender às necessidades do território.

DESENVOLVIMENTO SUSTENTÁVEL

Baseia-se no tripé da sustentabilidade, que tem como elementos o crescimento econômico, o equilíbrio ambiental e a equidade social. A busca das condições necessárias para o desenvolvimento sustentável da comunidade se dá por intermédio das seguintes etapas: mobilização e organização; gestão compartilhada; conhecimento e diagnóstico local; elaboração do plano de visão de futuro; crescimento econômico; desenvolvimento social; sustentação de recursos e gestão democrática.

REGULARIZAÇÃO FUNDIÁRIA

A atividade de regularização fundiária consiste em providenciar para que cada família receba a titulação do direito real sobre o solo e/ou a construção em que habita. Essa titulação se dará, *grosso modo*, por meio da utilização dos instrumentos de usucapião, empregado para as áreas de domínio particular, e de concessão de direito real de uso para as áreas de domínio público, possibilitando às famílias atendidas a segurança da posse. No Complexo do Alemão, serão 18 mil residências; na Rocinha, 5 mil, e, em Manguinhos, 4.200.

Dessa forma, e visando sempre ao desenvolvimento do território, a proposta vem trabalhando na lógica do urbanismo participativo, sempre buscando minimizar os impactos negativos no cotidiano da população, gerando oportunidades de trabalho e renda a partir da contratação de mão de obra local nas próprias obras.

Para a realização das obras, foram realocadas 7.602 famílias, sendo, no Rio de Janeiro, 3.879 no Complexo do Alemão, 2.576 em Manguinhos, 683 na Rocinha, 120 no Pavão-Pavãozinho/Cantagalo, 95 no Santa Marta e 248 no Preventório, em Niterói. Cada família pode escolher uma das três modalidades previstas no decreto estadual: compra assistida, indenização da benfeitoria ou nova unidade habitacional e recebimento de aluguel social enquanto durarem as obras.

Outra iniciativa foi identificar e sensibilizar atores locais para fortalecerem a integração e desenvolver melhor os projetos. Finalmente, para cada comunidade o governo do Estado do Rio de Janeiro buscou mapear as vocações, oportunidades e riscos individualmente.

DEZENAS DE OBRAS ENTREGUES À POPULAÇÃO

No Complexo do Alemão, foram entregues 920 unidades habitacionais, uma Unidade de Pronto Atendimento (UPA) 24h, um parque aquático, a Escola de Ensino Médio de Referência Jornalista Tim Lopes, o Centro de Geração de Renda, o teleférico, com seis estações sociais, urbanização das áreas no entorno das estações, o Centro de Referência da Juventude, redes de abastecimento de água, esgotamento sanitário e drenagem, abertura de vias, entre outros.

Em Manguinhos, foram entregues 1.086 unidades habitacionais, a Escola Estadual Luiz Carlos da Vila, um parque aquático, uma quadra poliesportiva, uma UPA 24h, farmácia popular, biblioteca-parque, a Casa da Mulher, o Centro de Referência da Juventude e um Posto de Orientação Urbanística e Social (Pouso). Com entrega prevista para junho de 2012, estão a elevação da via férrea e o parque linear, com quiosques, ciclovias, quadras esportivas e espaço para lazer.

Na Rocinha, foram entregues à população um complexo esportivo, uma passarela projetada pelo arquiteto Oscar Niemeyer sobre a autoestrada Lagoa-Barra, uma UPA 24h, 144 unidades habitacionais e a urbanização da rua Quatro, que foi alargada. Em andamento, estão uma biblioteca-parque, uma creche, a urbanização do Caminho dos Boiadeiros e do Largo dos Boiadeiros, a construção do mercado público e um plano inclinado.

Tão importante quanto as obras é o trabalho que vem sendo desenvolvido no sentido de resgatar a cidadania e proporcionar melhores oportunidades de vida para a população. Por intermédio do PAC, já foram gerados 9.480 empregos, feitas 2.144 capacitações de moradores na construção civil, contratados 50 jovens para trabalhar nas áreas de comunicação e pesquisa, 60 moradores para trabalhar na atividade da regularização fundiária, 120 mulheres em projeto de qualificação profissional na construção civil, foram capacitados 1.100 jovens em cursos de educação a distância, contratados 1.450 jovens para atuação no censo, oferecidas, pelo Senac, 1.200 vagas aos moradores da Rocinha e 1.500 aos de Manguinhos.

Além disso, 500 moradores foram encaminhados, por intermédio do PAC, para o mercado formal de trabalho, e também egressos do sistema penitenciário para projetos de reciclagem de lixo e óleo de cozinha, trabalhando a questão da educação ambiental como um eixo forte para as comunidades. Outros projetos de capacitação foram implantados nas áreas de arte, reciclagem de materiais, confecção de bijuterias, moda, gastronomia, teatro, dança e turismo. No Complexo do Alemão, por exemplo, foram capacitados 80 jovens, que atuam como guias turísticos, tendo como atrativo principal o teleférico, usado diariamente por 12 mil pessoas.

Por fim, é nessa lógica de participação social que o governo do Estado do Rio de Janeiro tem somado forças e trabalhado, a fim de reconectar aqueles territórios que ficaram tantos anos isolados da cidade formal. Projetos como as Unidades de Polícia Pacificadora (UPPs) proporcionaram não somente a quebra de paradigma na lógica anterior, como também a entrada, nesses territórios, de empresas, novos negócios e oportunidades para todos.

Rumo ao fim da cidade partida

*Eduarda La Roque**

---

*Secretária da Fazenda do município do Rio de Janeiro.
A autora agradece a colaboração de José Marcelo Boavista na elaboração deste texto.

COMEÇO ESTE ARTIGO com um relato mais pessoal acerca da minha trajetória, que serve um pouco para explicar por que a secretária de Fazenda do Município está presente em um painel social. E inicio registrando uma coincidência. Foi justamente no dia que participei deste Fórum que o prefeito Eduardo Paes me convidou para assumir o Instituto Pereira Passos (IPP), órgão de planejamento da prefeitura, responsável também pelo Programa UPP Social. Seu atual presidente, Ricardo Henriques, que estava presente também à mesa de debates, deve deixar registrado neste livro o excelente trabalho que executou à frente do IPP, especialmente no que diz respeito à UPP Social. Tive inclusive de sair mais cedo do Fórum porque o prefeito havia me chamado para conversar e fazer o convite. Para a surpresa dele, aceitei na hora. Acredito que essa mudança signifique mais um ponto de inflexão na minha vida.

A presidência do IPP parece a princípio um cargo de "menor status" do que a da Secretaria de Fazenda, mas tenho planos ousados para o Instituto. E sempre quis trabalhar na área social. Quando aceitei o convite para ser secretária de Fazenda, estava em um processo de mudança, analisando possibilidades para vender minha participação na empresa de TI que fundei e estruturar uma ONG. Sou doutora em economia pela PUC, com especialização em "finanças" e "economia do setor público"; trabalhei 12 anos no mercado financeiro e espero trabalhar o resto da minha vida nessa área. Finalmente encontrei a minha "função-objetivo" na vida: trabalhar para ajudar a combater a desigualdade social, mais precisamente a *desigualdade de oportunidades*, que vigora no nosso país e que tanto me indigna.

Acredito que à frente da Secretaria Municipal de Fazenda (SMF) — com o respaldo e a participação ativa do prefeito Eduardo Paes — eu já tenha contribuído significativamente. Em três anos de mandato, dobramos o orçamento municipal e também os dispêndios com educação, conseguimos um empréstimo de US$ 1 bilhão com o Banco Mundial para reestruturar nossa dívida, que já resultou numa economia de encargos de dívida de R$ 600 milhões, multiplicamos por cinco a capacidade de investimento da prefeitura e conseguimos três *upgrades* das agências internacionais de classificação de risco. A cidade do Rio é hoje o único ente subnacional que tem o mesmo *rating* que a União. Atingimos nossa sustentabilidade fiscal, e, ano passado, investimos 17,9% do nosso orçamento total, o que é absolutamente fundamental para melhorar a qualidade de vida da nossa população: investir em infraestrutura urbana. Saneamos as finanças da prefeitura para poder preparar essa cidade para o futuro. *Agora precisamos avançar na sustentabilidade econômica, social e ambiental da nossa cidade.*

Temos feito muito e ainda há muito o que fazer. Para mim, é motivo de orgulho poder participar desse momento de transformação do Rio de Janeiro. Os motivos para essa "virada" são bem descritos em Giambiagi e Urani (2011),[1] mas não tenho dúvidas de que a principal razão é que finalmente temos um alinhamento das três esferas de poder. A política do governador Sergio Cabral de "somar forças" e principalmente sua política de segurança pública foram o ponto de partida para essa virada histórica que estamos dando.

A questão da segurança é a primeira grande condição necessária para o desenvolvimento sustentável. No entanto, como muito bem diz o nosso secretário Beltrame, não basta colocar a polícia: o setor público tem de entrar com serviços. Nesse sentido, o trabalho da UPP Social é o segundo grande passo: prover serviços públicos como forma de acabar com o que foi designado de *cidade partida*,[2] e integrar as favelas ao resto da cidade.

---

[1] Para uma coletânea de artigos tratando da janela de oportunidade que o alinhamento político, a descoberta do pré-sal e a série de grandes eventos esportivos trouxe para uma virada do Rio de Janeiro, ver: *Rio — A hora da virada*, de André Urani e Fábio Giambiagi. Rio de Janeiro: Elsevier/Campus, 2011.

[2] *Cidade partida*, de Zuenir Ventura, São Paulo: Companhia das Letras, 1994.

Há um terceiro passo necessário, que é a chegada da sociedade civil. Ela já está chegando, mas acho que há necessidade de coordenação para um resultado mais efetivo. E acredito que a única forma de avançarmos nesse tema de sustentabilidade — desenvolvimento econômico com inclusão social e sem desperdício de recursos naturais — é através do conceito que denomino PPP3, Parceria Público-Privada e com o Terceiro Setor. O conceito de PPP3 parte do princípio de que para potencializar o crescimento econômico com eficiência e justiça social as condições necessárias são: igualdade de oportunidades, com liberdade de escolha, e setor público de tamanho apropriado e preocupado em criar um sistema de incentivos adequado para os diversos atores sociais. A visão é a de que o governo deve desempenhar papel importante no planejamento, na determinação das regras que regem o mercado e na sua fiscalização, bem como no fornecimento da infraestrutura adequada para que a sociedade possa, da forma mais igualitária possível, exercer suas escolhas.

É importante destacar que o sistema de incentivos referido acima é *lato sensu*, não se restringindo, portanto, a incentivos fiscais, mas ao conjunto de regras que condicionam a relação entre os agentes econômicos e entre eles e o Poder Público — regras que induzam comportamentos desejáveis e que são, portanto, fundamentais para que seus objetivos sejam alcançados.

Adicionalmente, quando se fala em *tamanho adequado* do setor público se pode vislumbrar de forma clara o papel do setor privado e do Terceiro Setor no arcabouço da PPP3. Eles entram ocupando espaços nos quais o setor público tem importante papel, mas não deve ser o protagonista — exatamente por não ter vantagens comparativas. Nesse contexto, o setor privado tem, em geral, mais agilidade que o setor público; e o terceiro setor, no caso específico da agenda social e ambiental, tem penetração e *expertise* complementares ao setor público, que podem ser muito úteis desde que através de um sistema de controle e transparência adequado.

Acredito que sejam três os fatores que contribuem para reduzir a eficiência do setor público no Brasil: a lógica do direito público (que, ao contrário do direito privado, parte do princípio de que se algo não está expressamente permitido então é proibido); o sistema de remuneração e incentivos dos funcionários públicos (a introdução de instrumentos de capacitação e meritocracia é fundamental para estimular a produtividade), e a Lei nº 8.666 (Lei de Licitações). A lógica, *correta*, de criação de barreiras ao uso inadequado de verbas governamentais culminou em regras que impedem que o bom gestor atue com agilidade, e não impede que os maus gestores usufruam indevidamente dos recursos públicos, ou seja, padecem do que em estatística se chama de erros do tipo I e tipo II.

Sob a perspectiva acima — de aumentar a eficiência do setor público —, um exemplo talvez funcional de arcabouço institucional e tributário seria a criação de "certificados" que gerem "moedas de pagamento de impostos". Mais precisamente, que o setor privado pudesse pagar impostos com "certificados" de serviços prestados — sejam eles, por exemplo, de obras ou de inscrições de alunos da rede pública no Ensino Médio de escolas privadas (já existe uma lei municipal nesse sentido, excelente instrumento de combate à desigualdade de oportunidades). Ou seja, a proposta é que o setor privado realize certas atividades no lugar do setor público e compartilhe com ele os ganhos de eficiência via reduções de custos (tempo de execução inclusive),[3] que é a lógica das parcerias público-privadas.

Um exemplo onde o Terceiro Setor é fundamental é no desenvolvimento de lideranças comunitárias — com efeitos importantes sobre o capital social e, consequentemente, sobre a capacidade de superação da pobreza. Uma possibilidade interessante seria o setor privado fornecer recursos financeiros para capacitar ONGs, de modo que elas pudessem otimizar sua função catalisadora sobre as possibilidades das comunidades. Na área ambiental, temos como referência um excelente exemplo prático de implementação de PPP3, que é o Programa Bolsa Verde do Rio, originada a partir de uma parceria da SMF, da Secretaria do Meio Ambiente do estado e da BV Rio, associação sem fins lucrativos que tem por objetivo criar um mercado de ativos ambientais como meio de promover a economia verde no brasil.

---

[3]No que se refere exclusivamente à criação de certificados, o município do Rio de Janeiro já conta com essa possibilidade (ainda não efetivada) advinda da Lei nº 2.923 de 11 de novembro de 1999. No entanto, os incentivos ali presentes são algo distintos daqueles aqui mencionados.

Finalmente, uma outra ideia na linha de PPP3, mais audaciosa e que tenho começado a trabalhar para o futuro, é a de fazer o setor financeiro trabalhar por causas socioambientais. Usar a eficiência do mercado para promover a inclusão social e avanços ambientais. O elevado grau de sofisticação do mercado financeiro, junto a um adequado sistema de regulação estatal ao qual está circunscrito, apresentam-no como candidato natural a dar mais eficiência e velocidade ao processo de erradicação da pobreza no Brasil. Assim, a ideia central seria incentivar a criação de um mercado de *fundos socioambientais*, com funções análogas às dos fundos de rentabilidade financeira da indústria de administração de recursos, mas com retorno socioambiental. Ou seja, replicar todo o sistema financeiro (consultores, gestores, certificadores etc.) para causas sociais e ambientais. Sei que o BNDES, reforçando o seu lado S, está trabalhando junto à CVM para lançar a ideia de regulação sobre esse novo mercado. Se, por ocasião da Rio+20, o Brasil lançasse algo como a criação da "CVM+" (Comissão de Valores Mobiliários, sociais e ambientais), conseguiria o protagonismo da reunião e o pioneirismo no tema, que pode vir a ser a saída para a crise do modelo capitalista-consumista e concentrador de renda em que vivemos nas últimas décadas. E ainda destacaria o que o Brasil tem de melhor: regulação do mercado (que nos protegeu significativamente nas últimas crises) e tecnologia para erradicação da pobreza.

Na mesma linha de raciocínio, já vinha trabalhando junto com Ricardo Henriques para estruturar o Fundo Voluntário do Rio, que tem o objetivo de levantar recursos e coordenar esforços junto às ONGs e avançar com as Parcerias Público-Privadas e do Terceiro Setor. Essa ideia parte também de uma hipótese que tenho: acredito que haja recursos financeiros e humanos disponíveis para uma boa causa, particularmente para a consolidação do processo de pacificação nas favelas — que é uma conquista da sociedade. Tenho viajado o mundo para passar a ideia de que as oportunidades estão aqui no Rio de Janeiro, mostrar essa grande virada que estamos fazendo. O interesse é enorme porque os nossos resultados são surpreendentemente bons, mas também porque o mundo inteiro torce pelo Rio, e principalmente pelo sucesso da consolidação desse processo de pacificação e integração das favelas com o resto da cidade.

PPP3. Essa é a ideia para que consigamos efetivamente avançar a partir de agora. Usar a eficiência do mercado com o propósito de melhorar a qualidade de vida da população, através da criação dessa nova indústria de fundos de retornos socioambientais. Minha primeira ação no IPP será criar o Fundo Voluntário do Rio. Favela como oportunidade (parabéns aos autores pelo trabalho e pelo título do livro).[4] Concordo com os autores que será dando oportunidades para as crianças e jovens dessas favelas que poderemos avançar rumo ao crescimento sustentável. E a oportunidade não será dada só a eles. Maria Helena Gerdau Johannpeter[5] me ensinou recentemente que a oportunidade será principalmente para os voluntários que irão adentrar as favelas. O capital social como alavanca para o capital econômico. E aí, sim, estaremos finalmente chegando ao fim da cidade partida. Temos um longo caminho pela frente.

---

[4] Este capítulo baseou-se no meu discurso feito por ocasião do lançamento do livro *Favela como oportunidade: Plano da sua inclusão sócioeconômica*, de João Paulo dos Reis Velloso, Marília Pastuk e Vicente Pereira Junior.

[5] "O que é Capital Social?" Maria Helena Gerdau Johannpeter. *Zero Hora*, 29/5/2012.

Rio de Janeiro: desafios para a integração

Ricardo Henriques*

---

*Presidente do Instituto Pereira Passos (IPP) e coordenador do programa UPP Social.

Hoje, a reflexão sobre o processo de integração territorial do Rio de Janeiro se dá em um contexto radicalmente diferente — e muito mais positivo — do que no passado. Em eventos como esse, era comum ouvir discussões acaloradas sobre o que deveria ser priorizado na estratégia para territórios ocupados por grupos armados: a política social ou a de segurança. Hoje, partimos de um novo marco, que representa uma gigantesca inovação na nossa história: a implantação das UPPs no Rio de Janeiro. As UPPs configuram, agora, uma demonstração clara de que, em situações de controle territorial por grupos criminosos, a segurança é a condição que permite realizar transformações estruturais e reconfigurar o tecido social.

É a partir desse novo contexto que podemos caminhar para reduzir a dívida social acumulada historicamente, ampliando e intensificando ações para reduzir as desigualdades típicas da sociedade brasileira. Para isso, a prefeitura do Rio de Janeiro está investindo recursos de mais de R$ 1,3 bilhão nas áreas pacificadas, apenas em obras e novos equipamentos. Mas a meta de promover o desenvolvimento social, urbano, territorial e econômico das áreas pacificadas, não se dá apenas pelo exercício da vontade — exige uma estratégia que enfrente desafios ligados à cultura política, à gestão pública e sua atuação nos territórios.

O primeiro desafio é da ordem da institucionalidade: a fragmentação das políticas públicas. Menciono a fragmentação não como deficiência da atuação dos atores públicos, resultado da ineficiência do Estado, mas sim como uma relação funcional que produz relações de subordinação, subalternidade e clientelismo.

O segundo desafio diz respeito à governança. Nas esferas governamentais, cultura de coordenação e diálogo entre os vários atores públicos é quase inexistente. É frequente encontrar programas cujos objetivos são relativamente semelhantes, destinados a públicos-alvo iguais ou muito parecidos. Em um único território, observa-se que algumas áreas recebem vários programas, enquanto outras áreas não recebem nenhum. A fragilidade dos sistemas de governança entre agentes públicos também consolida a desigualdade no acesso às políticas públicas. Cidadãos organizados em redes religiosas, corporativas e sindicais têm mais facilidade de ser beneficiados por programas governamentais. Outros indivíduos, muitas vezes residentes no mesmo local, mas desvinculados de instituições e organizações, não contam com o mesmo acesso. Assim, os agentes públicos podem reproduzir e reforçar precisamente as desigualdades que pretendem reduzir.

O terceiro desafio diz respeito à confiança. O histórico de atuação dos agentes governamentais não produziu um capital de confiança na relação entre cidadãos e gestores públicos. A Polícia Militar é um exemplo representativo desse problema, que a corporação reconhece e tem enfrentado com fortes transformações na sua atuação e estrutura. Mas a PM está longe de ser a única instituição governamental vista com suspeita pela população, especialmente a residente nas áreas socialmente mais vulneráveis da cidade. A desconfiança atinge muitos representantes do Poder Público.

Outro fator que desafia os que pensam políticas de integração é a questão do território. Esse é, talvez, o maior desafio. Não é prática das instituições governamentais olhar para o território e, sobretudo, olhar para pessoas e famílias concretas em territórios concretos. Existe um isolacionismo setorial que impede a produção de agendas destinadas a sujeitos reais, radicados em territórios reais. Ainda que sejam construídas políticas setoriais consistentes de educação, saúde, meio ambiente, assistência social e trabalho, entre outras, se elas não atuarem integradamente nos territórios concretos, relacionando-se com a comunidade específica que vive numa área específica, a sua capacidade de produzir mobilidade social e mudanças na qualidade de vida das pessoas que delas se beneficiam será comprometida.

Por fim, o último desafio de que quero tratar é a nossa deficiente cultura democrática, a tradição limitada que temos do ponto de vista da participação comunitária no que se refere ao diagnóstico de problemas e à construção coletiva de caminhos e soluções. Assim, a política pública tem o desafio de produzir resultados com diálogo, dedicando atenção à forma e à efetividade da implantação dos programas.

Esse é o modelo da UPP Social, programa que implantamos na prefeitura do Rio de Janeiro em 2011, coordenado pelo Instituto Pereira Passos. Desde meados de 2012, o programa está implantado em 22 territórios e criou instrumentos de governança e gestão que vêm apoiando as ações públicas nas áreas de UPP e contribuindo para que o planejamento de programas municipais leve em conta a diversidade de cada território.

A UPP Social se apoia em um pilar de conhecimento, que tem como base o IPP, principal repositório de informações sobre a cidade, e um sistema de "escuta forte", em que equipes estão permanentemente em campo, estimulando a participação comunitária e estabelecendo diálogo constante com atores locais. Para o desenho de políticas públicas de qualidade, que tenham aderência nas comunidades, é fundamental conhecer as especificidades de cada local, saber as diferenças entre territórios e intraterritórios, compreender que o Queto é completamente diferente do São João, o qual é completamente diferente da Matriz, embora os três façam parte da mesma área de UPP. No momento, as equipes da UPP Social estão em campo para produzir mapas que permitirão comparar as várias subáreas de cada território, oferecendo diagnósticos detalhados. Isso não é um exercício banal de tecnocracia: é aprofundar o conhecimento para atuar além dos pré-moldados tradicionais das políticas públicas.

É assim que a UPP Social se baseia em um sistema matricial e multissetorial, constituindo-se em uma estrutura de governança que toma decisões com base em diagnósticos territoriais e estimula a participação de atores locais. A gestão institucional se articula com uma rede de técnicos de secretarias e empresas públicas municipais, responsáveis pelas agendas setoriais: saúde, educação, conservação, urbanismo... Esses técnicos reúnem as informações sobre serviços e ações já existentes e programados em cada localidade e os relacionam às demandas identificadas pelas equipes de campo. A partir daí são estabelecidas prioridades para as próximas ações municipais.

Conseguiremos reduzir desigualdades agindo de forma convencional — *business as usual*? Sim, mas em um tempo mais longo, intolerável no contexto de avanço institucional produzido pela política de segurança e dados os desafios acumulados ao longo de décadas. Atuando de forma inovadora e ancorada nos pilares de conhecimento e gestão, e orientados para a produção de resultados efetivos que melhorem significativamente a qualidade de vida da população, poderemos realmente fazer, como propõe o título deste seminário, da favela, oportunidade. A cidade do Rio de Janeiro pode caminhar para reduzir significativamente a vulne-rabilidade e consolidar a paz e a liberdade, dinamizando a economia de forma sustentável e incentivando a criatividade e a inovação para superar o estigma da cidade partida e se tornar uma das metrópoles mais interessantes do mundo. Este é o Rio de Futuro, em que acredito.

Favela como oportunidade

Marília Pastuk

---

*Superintendente da Ação Comunitária do Brasil, RJ.

ENTRE DEZEMBRO DE 2011 e abril de 2012, por iniciativa do Fórum Nacional, foi elaborado o livro *Favela como oportunidade: Plano da sua inclusão socioeconômica*, o qual eu tive o privilégio de participar juntamente com Vicente Pereira Jr., coordenados por Reis Velloso, seu principal idealizador.

Favela como oportunidade partiu do pressuposto de que é chegada a hora do "pessoal do asfalto" entender que favela é cidade, pois, como afirma Mônica Francisco, liderança do Borel, "as pessoas do morro sabem disso, difícil ser internalizado pela elite do asfalto". Verdade. A favela historicamente está integrada à cidade ainda que de forma perversa porque subordinada.

Assim, é chegada também a hora de a favela ter outra relação com a cidade, de ser percebida como local de potência. Como afirma Itamar Silva (2009), a favela é "uma dimensão da cidade que tem especificidades: uma identidade territorial e social constituída na tensão entre aproximação e afastamento do Poder Público ao longo dos seus mais de 100 anos. Uma resistência forjada na luta contra o preconceito social e racial nesta cidade".

Por meio da publicação em questão, buscou-se valorizar o papel de lideranças comunitárias como protagonistas do território que fazem parte, as quais sabem o que querem e têm propostas concretas para o desenvolvimento do mesmo em bases humanas sustentáveis. Essas estão fazendo um esforço para resgatar a memória de tais territórios visando caracterizar bases identitárias próprias, já que políticas públicas, em geral, são padronizadas prestando pouca atenção às significativas especificidades existentes entre as favelas e no interior de cada uma delas.

Em *Favela como oportunidade*, defende-se a ideia de que a inclusão social e econômica dos moradores dessas localidades passa por uma conjugação de esforços envolvendo, dentre outros, o Poder Público, a iniciativa privada, organizações sociais e lideranças comunitárias, que deverão atuar de forma orgânica e articulada para tanto.

Parte-se do pressuposto de que o momento político que o Rio de Janeiro atravessa é particularmente favorável nesse sentido, já que os três níveis de governo dialogam entre si, a iniciativa privada participa e há respeito aos moradores. Todavia, falta maior reconhecimento do trabalho que esses últimos têm realizado em prol do desenvolvimento das favelas e clareza de onde se pretende chegar. Igualmente, falta precisar com maior nitidez qual o legado e a sustentabilidade das intervenções públicas realizadas no âmbito dessas comunidades, bem como estabelecer limites claros à intervenções da iniciativa privada, sobretudo com relação às prestadoras de serviços.

Quanto ao plano de inclusão socioprodutiva apresentado nessa publicação, é mais uma proposta de ponderar quem está no território, de fortalecer seu trabalho numa tentativa de promover o respectivo desenvolvimento endógeno. No caso do Borel e do Cantagalo, por exemplo, muitas vezes tenta-se levar cursos de profissionalização e outros, concebidos fora, para essas comunidades, "esquecendo-se" que há vários grupos e organizações locais que já realizam tais atividades no local e há muitos anos, décadas, em alguns casos, com resultados bastante satisfatórios. Por que não consolidar seu trabalho concomitante à promoção do "novo"? Por que não inventariar o existente? Por que não maximizar esforços e evitar superposições?

Acredita-se que deva ser construído um projeto que seja a espinha dorsal para cada uma das comunidades estudadas, que inclua urbanização, política de segurança, regularização fundiária e elevação da escolaridade, entre outras prioridades comuns a todas. E já que essas são tidas como lócus de projetos inovadores, por que não fazer delas, de fato, "pilotos" no sentido de garantir territorialidade, identidade, educação de qualidade e soluções para a habitação, geração de emprego e renda?

Por que não apoiar iniciativas locais nesse sentido via o aquecimento da economia local? Via a construção de arranjos produtivos locais, como propõem lideranças da Rocinha, do Borel e de Manguinhos? Apresenta-se a seguir pontos que foram levantados na apresentação que fiz no Fórum Nacional com relação à publicação *Favela como oportunidade*, ilustrados com citações retiradas *ipsis literis* da mesma.

PONTO 1. FAVELA É OPORTUNIDADE PARA QUEM?

- Para o Poder Público no sentido de radicalizar o processo democrático, demonstrar compromisso político e competência técnica visando contribuir para que a integração entre a favela e a cidade se dê de forma dialógica, horizontalizada, em função do reconhecimento de potenciais e fragilidades em ambos os atores.
- Para a iniciativa privada no sentido de mostrar que a responsabilidade social não fica restrita ao universo da retórica ou à preocupação de agregar valor à marca e/ou ao bem ou serviço prestado, estando igualmente voltada para o desenvolvimento humano de comunidades faveladas.
- Para a academia no sentido de articular a teoria com a prática, evitando sua esterilidade e contribuindo para avanços na promoção de direitos de cidadania de populações afins.
- Para a sociedade civil, organizações e grupos no sentido de estabelecer diálogos e firmar parcerias em prol do crescimento e amadurecimento mútuos.
- Para moradores e lideranças locais no sentido de dar visibilidade e fazer respeitar seu potencial e protagonismo quanto ao desenvolvimento do território que estão inseridos, que lhes identifica e ajudam a significar.

PONTO 2. ANTECEDENTES

- 2009: Fórum Especial: Na Crise — Esperança e Oportunidade, Desenvolvimento como "Sonho Brasileiro", Oportunidade para as Favelas.

- 2010: Publicação dos Projetos de Integração Social de Comunidades e da Comunidade do Jacarezinho, elaborados por lideranças comunitárias.
- 2011: Apresentação, no Fórum Nacional, das "Bases Preliminares para um Plano Visando à Inclusão Social em 20 Comunidades" (Favelas e Periferias Metropolitanas).
- 2012: Lançamento do Livro *Favela como oportunidade* como mais uma ferramenta para *advocacy* e mobilização comunitária com relação à promoção e defesa de direitos de cidadania de moradores de tais territórios.

PONTO 3. PROCEDIMENTOS OPERACIONAIS

- Seleção de cinco favelas dentre as dez que fizeram parte das publicações do Fórum Nacional de 2010. Essas, no total, contam com cerca de 150 mil habitantes: três comunidades tidas como "pacificadas" (Borel, Cantagalo e Pavão-Pavãozinho); uma em processo de "pacificação" (Rocinha) e outra sem intervenção dessa natureza (Complexo de Manguinhos, reunindo 15 comunidades).
- Visitas ao campo, realização de entrevistas (com lideranças comunitárias, moradores, representantes do Poder Público, da iniciativa privada) e utilização de fontes secundárias (estudos acadêmicos e mídias impressa e eletrônica).
- Principal diferencial: tentar apreender "a comunidade por ela mesma" e registrar "a palavra de lideranças".

PONTO 4. PRINCIPAIS PRESSUPOSTOS ADOTADOS

- O desenvolvimento é construído historicamente em função de um processo de lutas e conquistas, no qual o conflito é latente.
- Em um contexto democrático, é fundamental que atores locais se reconheçam e sejam reconhecidos como principais sujeitos de tal processo.
- A participação qualificada e diferenciada de atores coletivos (ou lideranças comunitárias) faz emergir necessidades e interesses legítimos que têm a ver com trajetórias e projetos específicos.

- As favelas ou os territórios são a centralidade; "são os atores e não os campos de ação", como afirmava Milton Santos.
- As favelas são locais de potência. Contribuem para significar a cidade da qual fazem parte. São territórios da criatividade e da ousadia.
- Essas são diversas entre si. Não conformam um bloco homogêneo. São múltiplas e plurais.

PONTO 5. MOSTRA DO DIAGNÓSTICO GERAL

- Ativo fundamental das favelas estudadas: presença de importantes lideranças comunitárias e de iniciativas e projetos realizados por grupos e instituições locais, há muitos anos, em todas elas. Tentativas de resgate e preservação da sua memória, bem como de afirmação das respectivas bases identitárias que as caracterizam como únicas e singulares "que em nada parecem se assemelhar com as habituais representações de favela como um todo pobre e uniforme".
- Grande incerteza e insegurança com relação às intervenções públicas realizadas, sobretudo no que diz respeito aos recentes processos de "pacificação" e urbanização.

  A esse respeito vale ressaltar que as Unidades de Polícia Pacificadora (UPPs), avaliadas em geral de forma satisfatória por estarem provocando uma "sensação de maior segurança na utilização do espaço público, principalmente para a circulação de jovens e crianças" (Melicio, 2010), atuam não só na repressão ao uso de armamentos, ao tráfico ostensivo de drogas e na realização de cursos e eventos comunitários como também em aspectos que dizem respeito à vida comunitária (muitas vezes por solicitação de moradores locais), o que é considerado por outros como problemático, segundo depoimentos registrados. Como ressalta Machado da Silva (2010):

Há notícias de que os policiais ligados às UPPs, em particular ao nível da chefia, têm sido muito procurados na condição de autoridade, tanto para resolver pequenos problemas cotidianos que fazem parte das atividades de qualquer instituição policial, porém não compõe o núcleo da função, quanto para funcionar como mediação para o acesso a outras instituições e serviços públicos. Ainda estamos em um estágio muito inicial, mas já é possível perceber que as UPPs começam a desempenhar o papel de mediador político-administrativo que, por um longo período, foi desempenhado pelas associações de moradores. Estas vêm perdendo força e legitimidade, tanto interna quanto externamente. De um lado, frente ao poder armado dos bandos de criminosos, elas pouco podem fazer além de evitá-los e/ou negociar algum nível de autonomia (quando a direção não é simplesmente destituída e a associação ocupada pelos próprios criminosos ou seus prepostos). De outro lado, a criminalização da pobreza e a desconfiança generalizada a respeito das "verdadeiras intenções" das reivindicações coletivas têm restringido a participação orgânica das associações de moradores no debate público. Desautorizadas internamente e enfraquecidas externamente, elas têm seu espaço de atuação cada vez mais limitado, fazendo-as beirar a irrelevância, que muitas vezes elas tentam evitar transformando-se em núcleos de "projetos" e "parcerias" sobre cujo funcionamento não costumam ter muito controle.

Nas comunidades estudadas não há, em geral, uma celebração mais efusiva com relação às UPPs por conta da incerteza de que a iniciativa seja permanente (muitos acreditam que a iniciativa tem prazo de validade — as Olimpíadas de 2016), e da crença de que criminosos armados podem voltar a dominar o território e, dessa vez, talvez "de forma ainda mais agressiva", como temem alguns. Moradores dessas comunidades temem ainda que sejam dominados agora por "outros poderes", uma vez mais tendo dificultado o seu direito de protagonizar a história do território. Machado da Silva (idem) é claro na sua análise de situações como a identificada. Nas suas palavras:

A tradicional convivência do mundo popular com a inconstância das políticas públicas que o tomam mais como objeto do que do que como sujeito está na raiz de uma desconfiança generalizada quanto à permanência das UPPs no longo prazo. Dentre a população afetada, mesmo os mais ferrenhos defensores não parecem estar inteiramente

214

seguros de sua continuidade. "E se os criminosos voltarem a exercer o antigo domínio?", "E se a polícia voltar a atuar sem freios — a 'barbarizar' —, como antes?", "E se os confrontos se intensificarem de novo?" Dúvidas razoáveis e historicamente bem fundamentadas como essas não estimulam uma adesão incondicional nem um repúdio muito explícito. Ao contrário, favorecem a ambiguidade, essa mistura de amor e ódio, subserviência e autonomia, que tradicionalmente caracteriza as relações das camadas populares com as instituições estatais. As UPPs, é claro, situam-se nesse terreno movediço: fazendo dos alvos a serem "pacificados" um objeto de intervenção, estimulam como resposta um engajamento cívico que é mais instrumental que substantivo. Essa tem sido, creio, uma dimensão crucial do drama da democratização à brasileira.

Nesse contexto, lideranças das favelas estudadas refletem acerca do próprio conceito de "pacificação". Segundo elas, esse precisa ser melhor definido e aprofundado. Nas palavras de uma dessas lideranças:

Agora, assim, a minha opinião: a pacificação é bem-vinda. Ela resgata. Todo mundo que é do bem está dentro da comunidade. Mas a pacificação não é só efeito de desarmamento e presença policial. A paz é um conceito muito maior. Paz é você ter inclusão produtiva. Paz é você ter filho estudando. Paz é você ter dinheiro para pagar as contas no final do mês. É você ter qualificação para o mercado de trabalho; ter opção de lazer; se sentir um cidadão seguro. Você vive na plenitude de segurança. Começa com o que eles estão fazendo e a gente tem que torcer para dar certo. Agora, quando você fala em inclusão no contexto da favela, em primeiro lugar, você tem que lidar com o desconhecimento cultural da favela, que é a visão que a mídia passa; a visão da segregação social. É ela que constrói a ideia errada do território. Você tem que enfrentar a segregação social, para conseguir acertar. Por exemplo, tem vários cursos dentro da comunidade e uma grande parte deles não consegue ser preenchida.

Mônica Francisco, líder comunitária do Borel há mais de 40 anos, prestou um depoimento muito contundente nesse sentido, por ocasião do seminário O Futuro das UPPs: uma política para todos? realizado no Ibase em novembro de 2010. Nas suas palavras:

> O Borel tem uma história de luta política e de construção de resistência há mais de 50 anos. Uma luta de resistência pela posse da terra, principalmente, e a gente é fruto dessa luta. Após 56 anos, vimos a entrada de um ator representativo do Estado, a entrada das Unidades de Polícia Pacificadora para pacificar, mas cuja atuação é extremamente punitiva. Não pode ter baile funk, não pode ouvir funk. "Não pode" e "não dá" são expressões que se tornaram comuns. Por isso, eu acredito que a UPP social vai ter um trabalho muito grande. Essa situação me faz pensar sobre como vão querer que esses dois grupos dialoguem sem que haja uma mediação. Para mim é aí que está pautado o desafio para a UPP social. Como vai se dar essa mediação? E de que forma essa mediação será feita com imparcialidade? A gente tem hoje no Borel um fórum, e ele é fruto de uma preocupação. Como lidar com as novas ofertas e como lidar com esses atores que entraram no nosso território? Como é que a gente vence o desafio da desconfiança, do até quando? A pergunta diária é: até quando? Até 2016? E depois, como é que a gente fica? Então, há uma real necessidade de uma escuta forte, um diálogo qualificado, uma entrada qualificada do Estado, uma entrada qualificada dos projetos. É preciso haver diálogo até a exaustão. Minha tentativa é traduzir aquilo que tenho vivido, aquilo que tenho visto, que ainda é muito marcado por uma desconfiança forte com relação à presença dessas novas práticas. Essa desconfiança tem fundamento, ela é fruto desse processo violento de décadas que a gente sofreu de criminalização da pobreza, de criminalização dos negros, pobres, favelados desses espaços. Então, a gente não pode querer que em seis meses, para usar o exemplo do Borel, haja uma relação tranquila entre a polícia e os moradores.

Também a matéria publicada no site www.correspondentesdapaz. org.br pelo jovem correspondente Glaucoln Barros, nascido e criado no Borel, estudante de nutrição, é ilustrativa nesse sentido, conforme reproduzida a seguir:

Paz: sobrenome do Rio no momento. Muito tem se falado desse assunto, em prol do modelo de segurança que foi adotado. As UPPs transformaram a cara da cidade e levaram as classes sociais a um nível de relacionamento nunca experimentado antes. O Poder Público, enfim, olhou pras favelas e a iniciativa privada veio junto. Não é? Mas será que esse é o melhor (ou até mesmo o único) jeito?

1º: A cara dessa paz — Analisando mais de perto, vemos que a realidade não está muito diferente, pois o povo continua subjugado sobre a mão de pessoas armadas e maltreinadas. Quanto abuso de poder já não foi noticiado e quantos outros mais aconteceram e ficaram ocultos?

2º: O preço dessa paz — Os criminosos não foram de fato punidos, e sim expulsos. Pra onde eles foram? Se espalharam pelas cidades ao redor, o que fez com que a taxa de criminalidade aumentasse nesses lugares. Agora, se a política de segurança é do governo do estado, por que ele só está agindo na cidade do Rio de Janeiro? Será que a tranquilidade daqui vale mais do que a de Niterói, São Gonçalo e demais cidades do estado?

3º: A qualidade dessa paz — As comunidades estão realmente protegidas? É fato que os moradores têm se sentido menos seguros, pois aumentou em muito a taxa de crimes, como roubos, assassinatos e violência doméstica. Além dos direitos que foram suprimidos, como casos em que as pessoas são proibidas de circular depois de determinada hora, ou com tal roupa, ou com determinado tipo de roupa. Parece que o lema é: Paz ou liberdade? Escolha uma ou fique sem as duas. Não me considerem o "advogado do diabo".

A questão aqui não é dizer que a política de segurança piorou a situação, entende? O problema é que ela tem falhas graves, que precisam ser corrigidas, e, no entanto, está todo mundo fechando os olhos pra isso. Até parece que a imagem da UPP é algo que jamais deve ser maculado, com pena de exílio pra tais blasfemadores. Não é assim que as coisas funcionam. Vamos sim contestar a razão, a base, a circunstância e tudo o mais que possa prejudicar os nossos direitos, cidadão carioca, fluminense, brasileiro. Engolir sapo é coisa de cegonha.

De fato, a implantação das UPPs, se, por um lado, tem sido avaliada positivamente pela conquista do direito de ir e vir, por outro, é avaliada com cautela, pois corre o risco de ser uma iniciativa transitória, conforme retrocitado. Também o fato de essa Unidade ter trazido consigo "deveres" pelo fim do "gato-net" e outros, além da imposição da "lei do silêncio" (que impede a realização dos bailes funk, que movimentavam a economia local) antes que moradores tenham direitos assegurados, lhes causa desconfiança com a relação ao real benefício que esta trará para a comunidade para além do aspecto da "segurança" restrita à não utilização de armamento "pesado".

Esses temem também que atividades que geram renda localmente sejam ainda mais prejudicadas por conta de pressões econômicas, de uma maior concorrência com empreendedores de maior porte advindos de fora e da repressão através do chamado "choque de ordem", como o caso do comércio de ambulantes e dos serviços prestados pelos mototaxistas, que fazem parte da cultura e da economia local. Temem ainda se tornarem vítimas da crescente especulação imobiliária, que, juntamente com os "choques de ordem" e com a chegada precoce de deveres, poderá levar a uma "expulsão branca" do território, agravada pela falta de um trabalho de conscientização política do morador da favela para lutar pela sua permanência no local. Nas palavras de uma liderança:

> Tem uma outra coisa que preocupa. As pessoas às vezes até escutam um buchichozinho, que é uma forma de expulsão branca também. Na medida em que a pessoa tem o título, ela vende e vai fazer favela em outro bairro. Então, assim, pra mim, a regularização fundiária é igual à reforma agrária. Não adianta você distribuir terra sem assistência técnica para plantio. Não adianta você distribuir título de propriedade em uma cidade sem uma assistência para a pessoa não passar o imóvel adiante. É claro que a gente está em um mercado aberto e a pessoa tem o direito de fazer o que bem quiser com o imóvel dela, mas de fazer educação urbanística, da pessoa entender qual é a valorização que o imóvel dela tem, o que importa aquilo para a sucessão de filho, tentar permanecer, se vender para um negócio, ser proibido um empreendedor de fora que não esteja associado a um morador. Eu sempre cito a ilha de Páscoa, que é um território especial e que, se você for um cara muito rico e quiser abrir um hotel lá, só vai conseguir se você associar no seu empreendimento um morador. Então, isso é uma coisa importante: você fazer com que o morador, só pelo fato de estar morando e ter articulação, tenha um capital, sem entrar dinheiro. Só esse status já é um capital para ele

ser sócio de um empreendimento dentro da comunidade que tenha um interesse social, ou que gere trabalho e renda para a população. Então, esse processo de regularização fundiária em uma área privilegiada, como é Ipanema e Copacabana, tem que ser acompanhado de um trabalho sério de educação urbanística. Hoje, o que acontece? Os aluguéis aqui dentro estão caríssimos. Os imóveis estão caríssimos e meio. A gente vê muitos gringos dentro do território, já morando dentro do território. É muito bem-vindo, como é bem-vindo morar um gringo em Ipanema ou em qualquer lugar. A gente não pode criar um gueto para proteger um processo social, mas a gente tem que proteger essa perspectiva e ter muito debate sobre o que significa você ser proprietário nesse local, esclarecer a população do valor desse bem e assistir alternativas de permanência, de permanência produtiva .

Assim, ações de "pacificação", obras de urbanização e projetos sociais não são suficientes para dar segurança aos moradores das favelas cariocas. Com as melhorias, eles temem agora não ter condições de se manter nos atuais endereços, valorizados pela nova qualidade de vida que a "pacificação" e a urbanização trazem para essas comunidades. O aumento do custo de vida e a especulação imobiliária já provocam reflexos desse processo chamado de "remoção branca" ou "remoção camuflada", compelido não mais pelo estado, mas pelo mercado. E se por mais de um século os mesmos tiveram de lutar contra sua remoção, na atualidade essa luta continua, ainda que travestida. A história de sua trajetória se repete, mas como uma caricatura nesse momento, o que é absolutamente trágico. Eles (os moradores) não conseguem segurar o custo de vida (porque não tiveram aumento de renda proporcional) e, por medo de perder seus imóveis para a especulação imobiliária, acabam se transferindo (para áreas mais pobres).

No sentido de reverter esse processo, o Poder Público precisa acelerar o processo de regularização dos imóveis das favelas (e lideranças comunitárias pressioná-lo para fazê-lo), além de apoiar iniciativas locais voltadas para a geração de trabalho e renda como aquelas relacionadas com o turismo, entre outras.

A Rocinha, por exemplo, está localizada em uma das áreas mais nobres da cidade, com vista privilegiada para a orla marítima, o Cristo Redentor e a lagoa Rodrigo de Freitas. Lá, o turismo já atrai cerca de 3 mil pessoas por mês. Porém a atividade turística beneficia apenas um segmento minoritário. As agências de turismo raramente estabelecem um diálogo com as instituições representativas da comunidade e, portanto, não promovem a distribuição efetiva dos lucros. Com pesquisas sobre o setor e as vocações econômicas das comunidades, esse setor pode impulsionar o desenvolvimento econômico de outros segmentos, como a produção de uniformes para guias e para rede de hotéis e pousadas, aproveitando a experiência da comunidade no setor da moda. Também o Pavão-Pavãozinho e o Cantagalo, por meio do Museu de Favela (MUF), tem uma proposta concreta de desenvolver o turismo nessa localidade em bases sustentáveis. Por que não apoiá-la?

Moradores das favelas estudadas demonstram preocupação também com relação às favelas "não pacificadas" e com a falta de uma política de planejamento que contemple as favelas e periferias do Rio de Janeiro de forma geral. Sobre esses aspectos, levantam questões recorrentes, como: existe uma política de segurança pública para o Rio de Janeiro? Qual o legado social da Rio+20, da Copa do Mundo e das Olimpíadas de 2016 *versus* o investimento realizado? Como esses eventos podem contribuir para minimizar desigualdades históricas? Como alcançar equiparidade jurídica?

PONTO 6. MOSTRA DO DIAGNÓSTICO ESPECÍFICO

- Educação formal: caótica. Restrita majoritariamente ao Ensino Fundamental, de baixa qualidade. Pouco incentivo e motivação para o estudo. Falta de opções e baixa qualidade do Ensino Médio. Necessidade de cursos pré-vestibulares. Falta de incentivo e apoio à formação superior.

  De fato, a educação é o ponto nevrálgico para a qualificação profissional e a inserção mais qualificada no mercado de trabalho. Além da qualidade da educação pública dessas comunidades em geral ser muito ruim, o nível de escolaridade dos moradores respectivos é muito baixo. Em Manguinhos e na Rocinha, foi feito um estudo pelo PAC Social segundo o qual mais de 90% dos empreendedores locais de ambas as comunidades têm apenas o Ensino Fundamental, sendo significativo o percentual daqueles que sequer completaram as quatro primeiras séries.

- Cursos profissionalizantes: em geral, pouco adequados às necessidades e interesses locais; superpostos; impostos "de cima para baixo"; pouco articulados com iniciativas já existentes; dispersos; fragmentados; não articulados com o mercado de trabalho. Importância daqueles realizados por grupos e instituições locais.
- Empreendedorismo: fortemente utilizado como estratégia para geração de renda. Pouquíssima expressão daquele de base solidária; alto grau de informalidade. Precariedades generalizadas *versus* criatividade e ousadia. Importância do trabalho realizado pelo IPP via o Projeto Empresa Bacana.
- Projetos realizados com jovens: demonstrativos do protagonismo desses e capacidade de inovar. Importância de projetos que fazem uso de mídias alternativas e apostam no protagonismo juvenil.

Além dos Correspondentes da Paz e de uma série de projetos realizados por grupos e organizações locais voltados para jovens, com resultados altamente satisfatórios (ver instituições do Cantagalo, Borel), uma iniciativa que tem avaliação positiva nesse sentido é a da Agência de Redes para a Juventude, pelo fato de esta estar conseguindo atrair e mobilizar os jovens. De acordo com Marcus Faustini, seu idealizador, essa foi pensada visando formar novas lideranças em territórios que estão passando por processos de "pacificação", para que tais lideranças tenham condições de dialogar com o Poder Público a integração desses territórios à "cidade formal", de uma forma não subordinada, a partir do reconhecimento do seu potencial e importância para o desenvolvimento da cidade como um todo.

Essa agência atende jovens entre 15 e 29 anos de idade, os quais concebem e protagonizam projetos de vida para si e para intervir no território que os identifica construindo e acessando as redes sociais. Em cada comunidade envolvida 50 jovens participam da iniciativa, os quais recebem uma bolsa de R$ 100,00 mensais e contam com uma equipe de mediadores preocupados em "inventar novas formas de radicalizar a democracia na cidade", nas palavras de Faustini.

Ponto 7. Exemplos de propostas gerais

- Maior empoderamento de lideranças comunitárias, grupos e redes de entidades locais. Apoio à formação de novas lideranças. Consolidação e ampliação de iniciativas e projetos realizados por grupos e instituições locais.
- Urgência na regularização fundiária dos territórios, esclarecimentos quanto às propostas de remoção.

Apesar de se considerar como positivos os processos de intervenção pública ocorridos nessas comunidades, esses estarão incompletos enquanto não for realizada sua regularização fundiária com a outorga de títulos de propriedade e dado o "habite-se" aos moradores locais. Nesse sentido, propõe-se veementemente que tais intervenções sejam acompanhadas da regularização fundiária, o que inclusive evitará um maior adensamento do local e o risco da sua perenidade. Existem muitas dúvidas quanto à questão da titulação, sobretudo em função dos decretos promulgados pela prefeitura municipal com relação às normas de uso e ocupação do solo em tais comunidades e das iniciativas em curso. Tais dúvidas se agravam no contexto atual quando remoções e realocações estão previstas pelas obras do PAC, além daquelas de imóveis instalados em áreas de risco (gerando especulações das mais diversas naturezas), as quais afetam diretamente a qualidade de vida de muitas pessoas e sua saúde emocional, sobretudo.

- Adoção de uma política diferenciada para a cobrança de tarifas e impostos pertinentes ao *modus vivendi* dos moradores favelados.

Parte-se do pressuposto de que moradores de favelas estabeleceram-se no território a partir do seu "valor de uso, em sua função social", e não a partir do seu "valor de troca" (Jailson de Souza e Silva, 2010). De fato, o modo como esses conseguiram se estabelecer no espaço e adquirir acesso a serviços básicos, "em geral negados pelo estado ou pelas empresas formais", configura uma territorialidade que o autor chama de "morada", utilizando um conceito formulado por Jorge Luiz Barbosa, qual seja: "o espaço da morada vai além das lógicas usuais de espaços de reunião de indivíduos autônomos e individualizados. A convivência cria práticas, códigos comuns, diálogos, conflitos e interlocuções que geram a afirmação do território como um lugar marcado por uma cultura específica que se constrói através da interação intensa entre a subjetividade do sujeito e uma específica objetividade do espaço local" (Silva, 2010). Nesse sentido, é fundamental que o governo leve em consideração o fato de que esses territórios, sobretudo aqueles que estão sob a intervenção pública via processos de "pacificação", estão passando por uma transição na sua dinâmica de funcionamento. Assim, acredita-se que esse deve conceber e negociar políticas de acesso a serviços de infraestrutura urbana e social adequadas ao contexto e atual conjuntura dos moradores de tais territórios. Para tanto, propõe-se que sejam viabilizadas alternativas no que diz respeito a deveres para que esses se adaptem à nova realidade de "formalidade" que vêm sendo submetidos.

- Definição de uma política de segurança. Nesse caso, o próprio conceito de "segurança" deve ser revisto e melhor precisado pelo conjunto de sujeitos envolvidos/interessados em operacionalizá-lo. Qual segurança? Para quem? Com qual finalidade? Como? Com qual benefício? Ou seja, propõe-se que seja equacionada, de uma forma equilibrada, a relação entre direitos *versus* deveres. Definição igualmente do conceito de "pacificação". Negociação de conflitos e respeito à organização local. Diálogo acerca do papel da UPP Social, a qual, segundo lideranças, deveria atuar nessa mediação de conflitos entre a UPP ou a polícia e comunidade, tentando contribuir para uma maior aproximação entre estes.
- Melhoria da oferta, estruturação e funcionamento de cursos profissionalizantes. Fomento a iniciativas de empreendedorismo, incluindo a ampliação do acesso ao microcrédito.

- Formação de uma estrutura de governança para revisão/execução e avaliação das propostas ora apresentadas. A mesma deverá ser, minimamente, tripartite: poder público + iniciativa privada + lideranças comunitárias, com atribuições e competências claramente definidas.
- "Ao vencedor, as batatas" (Machado de Assis); ou melhor, participação comunitária não só em termos consultivos, mas, sobretudo, deliberativo para quem vive no território, se identifica com o mesmo e contribui para sua significação.

Finalmente, tal como propõe Barbosa (2011), acredita-se que o projeto de inclusão socioprodutiva de cada uma das comunidades estudadas "deve ser orientado na construção de vínculos efetivos de integração da cidade às favelas, especialmente mediados por políticas de qualificação das moradias e de serviços urbanos afeiçoados às histórias de cada comunidade, à fisionomia urbana construída e às experiências de sociabilidade desses territórios. Isso significa reconhecer a legitimidade social da presença das favelas na cidade, respeitando os imensos esforços empregados na construção das moradias populares e, sobretudo, efetivar direitos sociais, a partir de investimentos públicos no campo da educação, da cultura, da geração de trabalho e renda, da segurança e da habitação".

Segundo o autor, tais comunidades

longe de representarem territórios caóticos, sem lei e sem controle que ameaçam a cidade — como afirmam os discursos mais conservadores —, as favelas constituem experiências valiosas para repensar e refazer a cidade como um todo. A inclusão das favelas no cenário de mudanças efetivas do Rio Olímpico não deve ser em função das representações negativas que se fazem delas ou por um 'estado absoluto de precariedade urbana', mas por significarem umas das experiências mais dignas e legítimas de luta de direitos à cidade.

REFERÊNCIAS BIBLIOGRÁFICAS

BARBOSA, Jorge Luiz. "Rio 2016: Jogos Olímpicos, favelas e justiça territorial urbana." Rio de Janeiro, 2010. Acesso em 10 de fevereiro de 2012. HTTP://www.ub.edu/geocrit/b3w-895/b3w-895-23.htm

MACHADO DA SILVA, Luiz Antônio. "Afinal, qual é a das UPPS?" Rio de Janeiro: ISER, 2011. Acesso em 17 de março de 2012. http://www.observatoriodasmetropoles.ufrj.br/artigo machado UPPs.pdf

MELICIO, Thiago B.L. "Levantamento e diagnóstico das condições de implantação da UPP Social; UPP Pavão, Pavãozinho e Cantagalo (PPG)." In: Secretaria de Estado de Assistência Social e Direitos Humanos. *UPP Social; pesquisa etnográfica*. Rio de Janeiro: s/ed., ago./set. de 2010.

SILVA, Itamar. "As favelas e a cidade." In: *Na crise, esperança e oportunidade, desenvolvimento e sonho brasileiro*. REIS VELLOSO, João Paulo dos (coord.). [Fórum Especial — set./2009. Rio de Janeiro: Campus, 2009.]

SILVA, Jailson de Souza. "As Unidades de Polícia Pacificadora e os novos desafios para as favelas cariocas." In: Seminário Aspectos Humanos da Favela Carioca. Instituto de Filosofia e Ciências Sociais da Universidade Federal do Rio de Janeiro. Rio de Janeiro, 2010.

O exemplo emblemático de Manguinhos: excesso de Estado e falta de planejamento

*Vicente Carlos Pereira Jr.**

*Coordenador do Setor de DI da Ação Comunitária do Brasil-RJ.

DENTRE AS CINCO COMUNIDADES estudadas para a realização do Plano de Desenvolvimento de Favelas para sua Inclusão Social e Econômica, optou-se por destacar no Fórum Nacional a situação daquelas que integram o chamado "Complexo de Manguinhos". As 15 comunidades que formam esse território são aquelas que mais se distanciam do conceito de cidade e são provas da perversidade e da ineficácia das políticas públicas ao longo das últimas décadas.

Com uma população de 32 mil habitantes[1] e 122ª posição no ranking do Índice de Desenvolvimento Humano (IDH) dos 126 bairros da cidade do Rio de Janeiro, Manguinhos constituiu-se durante a industrialização e urbanização da cidade, ao longo do século XX. Contrariando a posição de algumas lideranças locais entrevistadas, as quais apontaram para a ausência do Poder Público durante os mais de 100 anos de existência da localidade, percebeu-se a presença acentuada do Estado ao longo desse período.

O governo, nos anos 1940, incentivou a ocupação do território de Manguinhos ao aterrar a região de mangues, retificar os rios e permitir a invasão do que hoje constitui a comunidade da Varginha. No final daquela década e durante toda a década seguinte, ali instalou moradores removidos de favelas de áreas nobres e também de ilhas aterradas para a formação da ilha do Fundão, onde hoje se localiza a Universidade Federal do Rio de Janeiro. Tratava-se de uma política de conjuntos

---

[1] Censo PAC 2009.

habitacionais provisórios, já que o terreno alagadiço não é adequado para construções e também porque não foram oferecidas condições de saneamento e habitação aos moradores.

Mas o provisório tornou-se permanente, e as precárias condições de vida no local foram "oficializadas" pelo Estado, durante as incipientes obras de urbanização efetuadas nas comunidades que conformam esse complexo, ao longo das décadas de 1980 e 1990 e durante a construção dos conjuntos habitacionais Nelson Mandela e Samora Machel, que, na década de 1990, abrigaram moradores removidos de áreas de risco.

A partir de 2008, o Programa de Aceleração do Crescimento (PAC), implementado pelas três esferas do Poder Público, realizou vultosos investimentos no território, erguendo obras de grande infraestrutura, as quais estão longe de assegurar o acesso dos moradores de Manguinhos à condição de cidadãos.

Atualmente mais de 20% das residências desse complexo são construídos em madeira e apenas 24% dos domicílios têm o seu lixo coletado pela prefeitura. São elevados os números de desempregados, miseráveis e indigentes e os trabalhadores ganham, em média, R$ 424,00 ao mês, o que revela sua precariedade. Todavia destaca-se um número relevante de empreendimentos nas comunidades de Manguinhos, que se traduzem em uma alternativa para a baixa qualificação e para a difícil inserção profissional dos moradores locais. São 2.723 estabelecimentos — em geral, bares, lanchonetes, salões de beleza e mercadinhos —, que se caracterizam pela precariedade: 56% dos empresários possuem apenas o primeiro grau incompleto e 5% são analfabetos. A grande maioria dos estabelecimentos (93,5%) não é formalizada e mais da metade dos empresários não sentem necessidade de regularizar seu negócio (dados dos trabalhos sociais do PAC).

Manguinhos é conhecido como um local pobre e violento. O território é dominado por diferentes grupos de uma mesma facção do narcotráfico, sendo cotidianos os conflitos armados com a polícia, resultando em recorrentes casos de "balas perdidas" e morte de indivíduos ligados ou não ao crime. As denúncias de execução sumária e de abuso de autoridade por parte de policiais são comuns entre os moradores, o que faz com que a possibilidade de uma eventual "pacificação", no âmbito da atual política de segurança pública do Estado, gere grande apreensão. Algumas áreas do território são controladas por ex-militares e ex-policiais, que travaram, no passado, verdadeiras guerras com os traficantes para manterem tais comunidades livres do seu domínio.

Outro aspecto já incorporado pela geografia de Manguinhos são os imensos contingentes de usuários de drogas (especialmente do crack), que se reúnem em algumas de suas comunidades, permanecendo em condições de indigência e à mercê de uma política de saúde pública que enfrente de forma incisiva esse problema.

Pesquisadores como Leonardo Brasil Bueno[2] atribuem, desse modo, ao território de Manguinhos o status de "estado de exceção", por combinar extremas restrições materiais, políticas públicas fragmentadas, descontinuadas, de caráter populista e paternalista (o que aponta a necessidade de educação política da população), criminalização dos moradores e violência exercida por traficantes e policiais.

Apesar de todas as adversidades supracitadas, como principal ativo de Manguinhos, destaca-se a capacidade de resiliência de seus moradores, com destaque para suas lideranças. Todas as comunidades, mesmo as mais precárias (caso da Vila Vitória, sob as vigas do Metrô), possuem associações de moradores organizadas e atuantes. Desde o início dos anos 2000, quando a rua Leopoldo Bulhões, que cruza as comunidades, passou a ser conhecida como "Faixa de Gaza", numa referência à violência da região homônima no Oriente Médio, alguns atores do território, com o apoio de entidades locais, como a Fundação Oswaldo Cruz, têm se levantado em eventos periódicos denominados "Caminhadas pela Paz". Esse movimento motivou a criação do Fórum do Movimento Social de Manguinhos e é uma estratégia ainda empregada por seus moradores organizados para chamar a atenção da sociedade e do governo para o fato de que existem assuntos tão urgentes quanto à violência a serem enfrentados no território, como a questão da habitação, o saneamento básico, a saúde, a geração de renda e as políticas para a juventude.

---

[2] Bueno, Leonardo Brasil. Território de exceção enquanto limite e possibilidade para a gestão democrática em favelas da cidade do Rio de Janeiro. In: Lima, Carla Mora (org.). *Território, participação popular e saúde: Manguinhos em debate.* Rio de Janeiro: ENSP/Fiocruz, 2010.

Vivendo em uma área estigmatizada e de pouca visibilidade pública da cidade do Rio de Janeiro (sobretudo se comparada como comunidades como Rocinha, Cantagalo e Pavão-Pavãozinho, estas incrustadas na sofisticada Zona Sul carioca), os moradores de Manguinhos vêm resistindo à ausência de uma política pública transparente e integrada, que possibilite uma mais efetiva integração das comunidades à cidade ou que pelo menos eleve de forma mais sensível a qualidade de vida local. Percebem as atuais intervenções do PAC como uma oportunidade ímpar em sua história, mas que não têm sido implementadas de maneira participativa e eficaz. Anseiam pela chegada de uma Unidade de Polícia Pacificadora, não porque desejam a presença ostensiva da polícia em seu território, mas porque têm demandas por serviços sociais que atualmente encontram-se direcionados para as comunidades ocupadas, tais como cursos de formação profissional, ações de limpeza urbana e conservação etc.

É importante pontuar mais uma vez que, pelo histórico de ultraje aos direitos humanos a que tais moradores vêm sendo submetidos, a ocupação policial do território e o exercício da política pública no âmbito do mesmo deverá levar em conta o protagonismo das lideranças no sentido de reverter essa situação e sua relação histórica com o território de Manguinhos.

Desafios para os programas governamentais no Pavão-Pavãozinho

*Alzira Amaral**

*Presidente da Associação de Moradores do Pavão-Pavãozinho.

Esse Fórum Nacional é importantíssimo para o desenvolvimento do país em todos os âmbitos, pois abrange de forma geral todas as classes sociais e cria ideias que contribuem para esse propósito.

O tema que vou explorar deveria ser uma pergunta a ser respondida pelos principais órgãos públicos de todas as esferas, ou seja, federal, estadual e municipal. Se hoje não temos muitas pessoas com capacidade para ajudar no crescimento do país, não é por não serem inteligentes e capazes, mas por algumas questões que vou discutir a partir de agora.

Por muitos anos, os governos federal, estadual e municipal até vêm desenvolvendo programas de igualdade social, mas também, muitas vezes, vêm gastando recursos em vão. Há um dito popular que diz que quando uma pessoa faz uma coisa certa, mas depois estraga esse ato feito de forma certa com um erro, é o mesmo que dar um tiro no pé, e é assim que vem acontecendo com esses programas que os governos das três esferas do Brasil tentam desenvolver. Nós, os moradores de comunidade "carente", temos visto vários programas sociais dizendo que agora há igualdade para todos. Tem até um slogan que diz assim: "Brasil: um país para todos." Mas será que essa frase é verdadeira?

Isso fica só no papel, pois como podemos nos considerar pessoas integradas à sociedade se para a Polícia Militar do Rio de Janeiro ainda somos todos, em geral, potenciais marginais? Ora, sabemos que eles têm de fazer seu trabalho, mas também têm de saber identificar as pessoas e respeitá-las como cidadãos de bem. As populações das favelas morrem de pavor da Polícia Militar, pois alguns soldados e oficiais fogem da conduta correta de trabalho e tratam os moradores de forma desrespeitosa, com palavras de baixo calão e ofensas morais e discriminatórias. Por esse motivo, digo que os governos das três esferas do país estão dando um tiro no pé. De um lado, eles vêm com políticas de inserção social, de igualdade de direitos para todos, mas, por outro lado, através da Polícia Militar e Civil, eles jogam essa política toda no lixo. Isso se reflete na cabeça dos jovens da comunidade, pois eles acabam sendo homens e mulheres de bem se sentindo à margem da sociedade. Nós temos de ser respeitados como cidadãos por essa instituição, que tem por dever nos proteger, e não nos fragilizar.

O governo tem de pensar novas maneiras de desenvolver programas que controlem a natalidade nas áreas carentes. Muitas pessoas não entendem a proposta do governo quando cria programas de ajuda financeira, e vêm nisso um encorajamento, pois quanto mais filhos, maior é o valor do benefício recebido. Dessa forma, acredito que devem ser criadas campanhas de conscientização para que os adolescentes passem a se dedicar ao estudo, aos cursos profissionalizantes e ao lazer. Seja menina ou menino, um adolescente não pode, aos 12 anos, se tornar mãe ou pai. Isso acaba gerando vários índices negativos em muitos sentidos, como a defasagem escolar. Esses adolescentes acabam tendo de arcar com a responsabilidade de uma família. O governo deve criar projetos educativos em relação à diminuição da natalidade, e novos critérios de incentivo. Por exemplo, ao invés de ganharem mais benefícios por número de filhos, essas pessoas deveriam receber por também estarem na escola. Os adolescentes têm de ter a chance de se formar, terminar o Ensino Médio. Não que eu queira propor um controle de natalidade, mas um controle por meio de cuidados educativos para diminuir esse índice de natalidade precoce.

Outro ponto que quero frisar é a educação. Nós, no Pavão-Pavãozinho e Cantagalo, temos o CIEP João Goulart, que foi considerado o pior CIEP do município do Rio de Janeiro. Esse dado se reflete hoje na alfabetização das crianças, e vai se refletir também no futuro do desenvolvimento do país. Para ser desenvolvido, um país tem de ter uma educação e uma comunidade forte, para gerar futuros cidadãos para todas as áreas profissionais que um país desenvolvido precisa. Assim, não podemos ter uma escola com o pior resultado do município. Os grandes países desenvolvidos têm os melhores índices de notas escolares, e esse resultado se reflete em outras áreas, tais como socialização, profissionalismo, expectativa de vida, desenvolvimento humano e social. Pelo modo como a educação é tratada no Rio de Janeiro, e no Brasil, será que uma comunidade vai ser tornar um potencial fornecedor de talentos para desenvolver o país? A educação escolar não só prepara academicamente crianças e jovens, mas também forma cidadãos, pois esses mesmos jovens e crianças passam mais tempo nas escolas do que com suas famílias. O conhecimento escolar transforma as pessoas, educa moralmente, ajuda a forjar o caráter, além de dar ao país profissionais em potencial, com chances de cursarem cursos técnicos ou até mesmo faculdades. Contudo, tem de haver vontade de os governos mudarem a visão em relação à educação. Não adianta somente dar escola e professores se não dão o mais importante, enfim, a condição e o suporte para que isso ocorra. Se não houver uma educação melhor, em breve, em algumas áreas, faltarão profissionais qualificados, como já vem faltando agora. Os filhos das pessoas de classes mais privilegiadas são a minoria no país, e é a nossa classe que suprirá essas vagas que sobrarão. Não que eu esteja inferiorizando a nossa classe, mas as nossas chances são pequenas, em parte, por causa da educação defasada que recebemos nas escolas públicas. Mas mesmo assim sobrarão muitas oportunidades, e temos de dar condições à nossa classe de ocupar essas vagas, ou até mesmo condições de igualdade em relação às classes mais privilegiadas financeiramente.

Gostaria também de expressar a falta de sensibilidade das pessoas responsáveis pelo PAC em nossa comunidade. Com o fim da primeira etapa do PAC, a nossa comunidade vem perdendo sua identidade. A toda hora o projeto é mudado, e nós nem somos consultados. Vivemos hoje um dilema, pois a via que passaria no meio da comunidade já não vai mais passar. No entanto, os moradores dessas áreas já foram alocados nos prédio do PAC, Maestro Pixinguinha e Compositor Donga. Sabemos também que o número de prédios a serem construídos no PAC 2 não serão suficientes para atender à demanda das pessoas a serem removidas em função do alargamento de pista. Então pergunto: será que não é mais viável retornar esse alargamento de pista para o projeto anterior?

E os documentos de propriedade que foram prometidos pelo presidente Lula, onde estão?

Para encerrar, gostaria de falar sobre capacitar os nossos jovens. Sabemos que cada pessoa tem habilidades e capacidade intelectual diferentes umas das outras, por isso digo que nem todos vão se formar em uma faculdade. Assim, creio que a solução para isso será implantar em nossas comunidades escolas técnicas para formandos do Ensino Médio e de cursos profissionalizantes. Dessa forma, acredito que as comunidades poderão ajudar no crescimento do país, e assim vamos não somente inserir os jovens no mercado de trabalho, mas também ajudar na sua socialização, além de dar condições para que, depois de formados nos cursos técnicos, eles possam pagar uma faculdade privada. Eu acredito também que, quando damos opções para os jovens das comunidades, damos a eles a chance de não serem mais um nas estatísticas de autos de resistência, de furto, de tráfico de drogas.

Na minha visão, esses são os pontos de primordial importância para que as comunidades possam ajudar no crescimento e desenvolvimento do país. Para fazer isso acontecer, os governantes têm de investir nas comunidades.

O trabalho social da Igreja Católica no Cantagalo

*Luiz Bezerra do Nascimento**

---

*Presidente da Associação de Moradores do Cantagalo.

ESTÁ TUDO CERTO com os projetos em nossa comunidade. Estamos muito satisfeitos com a presença dos governantes. O Programa de Aceleração do Crescimento (PAC) está em nossa comunidade fazendo seus trabalhos de urbanização, mas estamos passando por um momento único. A Igreja Católica sempre foi parceira da comunidade, mas nos últimos anos ela e a Associação de Moradores do Cantagalo ficaram afastadas.

Nos anos 1980, a Igreja nos ajudou muito, quando na época havia um projeto de remoção. A Igreja, com o padre Ita e o frei Nereu, já atuavam pela urbanização, junto com a Associação de Moradores. Havia uma integração, estávamos muito ligados, pois nessa época os governantes não agiam com tanta frequência nas comunidades e tínhamos a Igreja como forte aliada. Lá também tinha uma creche que acolhia grande parte de nossas crianças, que hoje estão sem esse espaço, pois as creches que existem não estão dando conta da demanda, ficam superlotadas e temos muitas crianças ainda de fora. Ficamos sem o diálogo entre a Igreja e a Associação de Moradores do Cantagalo. Não sabíamos que iam fechar a creche lá existente. Se fosse necessário, interviríamos junto à prefeitura para garantir que ela continuasse a funcionar, como estávamos acostumados. O padre vem celebrar a missa e vai embora, sem se preocupar com os acontecimentos. Gostaríamos muito de ter a Igreja como aliada novamente. O trabalho do governo está perfeito.

O Museu de Favela

Sidney Silva (Tartaruga)*

---

*Diretor do Museu de Favela.

APRESENTAÇÃO

O Museu de Favela é uma organização não governamental co-comunitária que cuida do museu territorial de mesmo nome, com 16 sócios-fundadores e um Conselho de 34 moradores da favela. Seu conceito surgiu em fevereiro de 2008, em um grande fórum de moradores. Foi debatida até a sua fundação, em 5 de novembro de 2008. O registro legal do MUF foi aceito em 5 de fevereiro do ano seguinte, véspera de seu lançamento público num grande evento cultural na comunidade.

Desde então se legitima a noção de que a população aí reside dentro de um museu vivo, o primeiro museu comunitário territorial de favela do mundo, num desafio de construção política e estratégica que vem adquirindo crescente visibilidade.

As favelas Pavão-Pavãozinho e Cantagalo ocupam o maciço do Cantagalo, entre Ipanema e Copacabana, destinos turísticos internacionais do Rio de Janeiro. Nesse museu vivo a céu aberto, o "acervo" é constituído por 20 mil moradores e seus modos de vida, narrativos de parte importante e desconhecida da própria história da cidade do Rio.

O Museu de Favela (MUF) é hoje uma das mais destacadas referências de museus comunitários e em experimentos de governança social do país, atraindo estudiosos e cientistas sociais com sua proposta institucional inovadora, sua estratégia de enfrentamento da exclusão social e violência urbana via desenvolvimento cultural com inserção turística e pela evidência de resultados de ações voluntárias e perseverantes de seus sócios fundadores.

Todas as ações do MUF têm por temas transversais as memórias da comunidade e a cultura local com intenção educativa, libertária pela expansão da consciência e pela chance de inclusão produtiva, em especial entre adolescentes sujeitos a caminhos de risco social e adultos jovens.

A expansão cultural na/da favela deve ser como um sopro de despertar. Deve ultrapassar os limites do território e alcançar a cidade à qual pertence, numa celebração itinerante que divulgue o acervo e os valores do Museu de Favela, em outras favelas, em outras cidades, em outros países. Favela é cidade. Cultura de favela é parte da cultura da cidade.

O atual desafio do MUF é conquistar um patrocínio mantenedor de suas despesas administrativas ou atividades-meio, em geral impedidas de consideração em editais públicos, que financiam projetos e eventos específicos ou atividades-fim, e não contempla o custeio cotidiano de administração das organizações proponentes.

Contudo, esse formato de trabalho cotidiano não se sustenta com tal caráter voluntário e sem a profissionalização dos recursos mínimos necessários à governança da instituição.

A visão de futuro é transformar o morro Pavão-Pavãozinho e Cantagalo em monumento turístico carioca da história de formação de favelas, das origens culturais do samba, da cultura do migrante nordestino, da cultura negra, de artes visuais e dança. A missão do MUF é realizar tal visão de futuro, transformadora de condições de vida local, através da cultura, e demonstrar que a solução de inclusão funcional urbana e socioeconômica *sustentável* de favelas deve partir de *dentro* delas. Essa missão é o maior objetivo de todos os projetos do MUF.

O MUF conta com o apoio institucional do Instituto Brasileiro de Museus (Ibram), sendo considerado uma experiência independente exemplar e piloto do programa Ponto de Memória, para o desenvolvimento turístico no Museu de Favela e de colaboração eventual de parceiros privados e voluntários.

A governança do MUF está estruturada em três pilares de atuação: Patrimônio, Redes e Projetos Culturais.

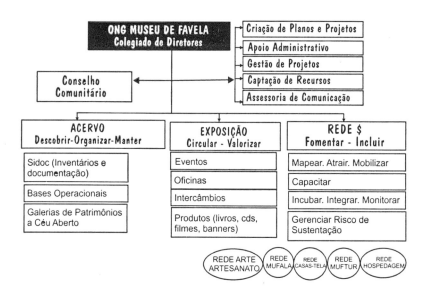

POR QUE INVESTIR EM PATROCÍNIO À GOVERNANÇA DO MUF

O que vai diferenciar o patrocinador das atividades-meio daquele das atividades-fim do Museu de Favela é o marketing e propaganda sistemática de sua marca e imagem empresarial através da comunicação de sua responsabilidade social aplicada à sustentação da governança do MUF.

Há uma vantajosa oportunidade de visibilidade mundial no contexto da cidade do Rio de Janeiro em razão de uma agenda espetacular de eventos internacionais: Jogos Mundiais Militares (2011); Eco-Rio 2012; *International Council of Museums* — ICOM 2013; Copa do Mundo de Futebol 2014, 450 Anos da Cidade do Rio de Janeiro em 2015, Jogos Olímpicos Paraolímpicos em 2016, entre outros.

Nos morros cariocas ocupados por favelas há um acervo patrimonial cultural e de memórias que é narrativo de parte importante da história da cidade do Rio de Janeiro e urge a sua inclusão positiva na cultura dessa nova sede olímpica.

O morro-sede do Museu de Favela situa-se numa das mais emblemáticas localizações da cidade do Rio de Janeiro, entre Ipanema e Copacabana, entre o mar e a lagoa Rodrigo de Freitas.

Essa conjuntura amplia a visibilidade de patrocinadores do Museu de Favela pela repercussão e atratividade que a experiência, o plano estratégico e o empreendedorismo do MUF vêm exercendo sobre os mais diversos setores que lidam com cultura, turismo e desenvolvimento de territórios urbanos de risco social, a nível regional, nacional e internacional.

ALINHAMENTO AOS OBJETIVOS DO MILÊNIO

O Projeto de Captação de Financiamento para o Privado para a Governança do Museu de Favela contribui para o alcance dos seguintes objetivos do milênio:

1. Acabar com a fome e a miséria, pois o projeto amplia condições de trabalho e renda numa comunidade de favela.
2. Qualidade de vida e respeito ao meio ambiente, pois o projeto se insere num plano estratégico de inclusão turística do território integral da favela.
3. Disponibilizar a todos para trabalhar pelo desenvolvimento, pois o projeto fomenta a formação de redes de trabalho integradas a uma visão de futuro de desenvolvimento do território para ser consolidar como um museu territorial integral de cultura de favela.

RELÓGIO ESTRATÉGICO DO MUF

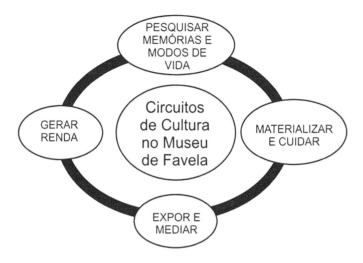

APRESENTAÇÃO: Sidney Tartaruga e Colegiado de Diretores do Museu de Favela.

Saudações museais!

www.museudefavela.org
www.facebook.com/museu de favela
info@museudefavela.org
Tel.: (55 21) 2267-6374

Desafios para a integração da Rocinha à cidade formal

Antônio (Xaolin) Ferreira de Mello*

---

*Presidente da Câmara Comunitária da Rocinha, São Conrado e Gávea.

O escravo sem voz nem boca/ o extenso sofrimento/ se fez homem/
se chamou Povo/ Proletariado/ Sindicato/ ganhou pessoa e postura.

Pablo Neruda

A Rocinha e as favelas: um olhar sobre os direitos do cidadão,
desafios e perspectivas, políticas públicas e cidade integrada.

O papel de uma organização revolucionária é dar voz, boca e
ação aos humildes e oprimidos.

ENTENDO QUE AQUI, hoje, se dá um novo processo, transformador,
mudancista. Entretanto, quando este Fórum abre espaço para a favela
falar, isso é revolucionário. É só entender Pablo Neruda, poeta chileno.
Esse processo que ora se apresenta deve, a partir de agora, ser sustentável, como todos os processos necessários para a qualidade de vida dos
habitantes da cidade.

A favela como ser distante do desenvolvimento da cidade está supe-
rada. A luta de seus moradores em fazer da favela espaço de moradia e
de habitação digna é real. Desde a tática de subir o morro, cavar a terra
e fincar as estacas que sustentam o barraco até a luta pela água tratada,
escolas com educação de qualidade, saúde pública de qualidade, saneamento básico, acessibilidade e outros serviços, a favela vai se tornando
parte integrante desta cidade, que em certo momento tenta isolá-la, mas
os trabalhadores e o povo demonstram que querem permanecer onde
suas raízes estão.

Muito além da macroeconomia, muito além da economia solidária, o mais premente, o mais importante urge, tem pressa: é a atenção à educação pública de qualidade e sustentável. Sem uma educação pública de qualidade e sustentável, todas as outras iniciativas estarão fadadas ao fracasso. Temos de criar um novo projeto nacional de desenvolvimento com grandes investimentos na educação.

É preciso estabelecer um pacto entre os trabalhadores e os empresários para investimentos na indústria e que o nosso povo tenha uma vida totalmente digna.

Na Rocinha, não é diferente. Conforme o Censo da SDSDH/RJ, divulgado no livro *Plano de desenvolvimento sustentável da Rocinha*, somente 82% das crianças e jovens na faixa etária entre 7 e 14 anos frequentam a escola. Há muitas lutas, muito sofrimento, muitas lágrimas, mas também muitas vitórias e sorrisos.

Quando o PAC surgiu nas favelas, passei a entender o quanto essa obra é importante para a integração da cidade. Rocinha, São Conrado e Gávea se relacionavam através das relações do trabalho, e a favela era vista como espaço violento, segregado e passível de remoção. O PAC integrou as favelas a São Conrado, à Gávea e à cidade, via debates intensos, onde os protagonistas foram se conhecendo, olhando o outro como diferente, mas respeitando as diferenças.

Malgrado a relação entre classes distintas, a Rocinha é hoje parte integrante do território. O PAC contribuiu para a autoestima dos moradores dos três bairros, e a possibilidade de debaterem juntos para a sua melhoria se torna real.

A Câmara Comunitária da Rocinha, São Conrado e Gávea, onde os participantes se reúnem e debatem em dez grupos temáticos (os chamados GTs Educação, Saúde, Turismo Urbanismo/Meio Ambiente, Esporte/Lazer, Comunicação, Trabalho/Renda, Juventude, Segurança/ Cidadania/DH e Cultura), possibilitou a aproximação de classes distintas e a confiança das pessoas umas nas outras, com interesses convergentes, para melhorar a vida da cidade e de seus habitantes. Nesse sentido, o morador é imponderado e passa a reivindicar melhorias para os bairros, e o Poder Público incentiva essa relação, também dialoga com a população e atende suas demandas.

Haja vista o Parque Ecológico da Rocinha, que se constituiu em um ecolimite natural e que foi uma demanda debatida pelos moradores na Oficina do Imaginário, em opção à construção de muros. Quando estiver pronto, atenderá a todos os bairros do Rio de Janeiro, a todos os brasileiros e povos de outros países, através do turismo ecológico. E a rua 4, antes beco escuro que se tornou rua, onde os bons ventos sopram e a luz natural ilumina um povo esperançoso e deleta as doenças de pulmão para bem longe, dá-lhe direito à moradia digna em um conjunto habitacional no próprio local.

É preciso que essa relação se torne sustentável, que os três bairros venham a se consolidar nas relações humanas como exemplos para a cidade e que as políticas públicas atinjam aqueles que mais precisam dela, sem deixar de lado o atendimento a outros bairros.

Integrar as pessoas é o mais difícil. Entretanto, entre Rocinha, São Conrado e Gávea isso está se tornando possível. Entendemos que todo cidadão tem direito à cidade, que aceita e recebe a todos com o mesmo espírito de solidariedade e integração.

Agora, quando surge a proposta das Unidades de Polícia Pacificadora, as UPPs, isso significa que tanto no asfalto como nas favelas é possível haver um diálogo entre os cidadãos, onde uma nova classe socioeconômica surge e abre caminhos para que esse mesmo cidadão possa viver com mais segurança, dignidade e qualidade de vida.

A favela é parte integrante da cidade, isso é realidade. Digo com firmeza, porque hoje estou falando como morador de comunidade para o asfalto e todos me ouvem, portanto somos todos cidadãos da mesma cidade.

Por um novo projeto nacional de desenvolvimento!

Por uma educação pública de qualidade e sustentável!

Favela é cidade!

Favela como oportunidade: para quem?

Diego Santos Francisco[*]

---

[*]Correspondente da Paz

Favela como oportunidade. Para quem?

Há algum tempo, as discussões acerca das favelas chamam a atenção de diversos setores da sociedade, mas, nos últimos anos, com o advento das Unidades de Polícia Pacificadora (UPPs) no Rio de Janeiro, o tema voltou à agenda do dia.

Parte de um plano integrado em favor dos Jogos Olímpicos na cidade, as UPPs são a aposta do governo estadual para o controle de áreas estratégicas localizadas ao longo das áreas em que os jogos acontecerão. As UPPs representam ainda uma presença "forte" do estado nos territórios.

Uma das grandes questões para os moradores de favela é que, como de costume, todas as discussões e resoluções sobre o território e as necessidades são quase sempre pensadas sem a participação daquele que é atingido. A política pública é pensada sem a interferência do seu alvo.

A construção da política pública para a favela deve incluir o seu morador. O interessante é que, apesar de essa máxima ser óbvia, ela é constantemente ignorada. Diante da realidade das UPPs ouvimos constantemente que a culpa das questões da favela é do morador, que não aprendeu a cuidar do lixo, que não tem respeito pelos bens públicos; em outras palavras, que ainda não alcançou a civilidade necessária.

Estamos falando aqui de décadas de descaso com o morador da favela. Anos de uma marginalização proposital, que mantém esse morador no seu lugar, segregado. A favela comemora com os avanços e com a chegada dos serviços públicos, com um olhar atento, isso é claro, mas ainda fica evidente uma desconfiança.

As melhorias chegam, mas com elas chegam o medo, a incerteza. Será que o alargamento das ruas é mesmo para a melhoria da locomoção ou para facilitar a remoção desses moradores em um momento oportuno? Como jovem, eu também não poderia deixar de tocar no assunto juventude. É extremamente impossível engolir o discurso pronto de que o jovem de favela não quer nada com a vida. De que o jovem não quer estudar, trabalhar, de que ele é acomodado. Mas o jovem é o primeiro a ser descartado nas discussões. Comumente falam em vencer a atração pelo tráfico, mas os equipamentos oficiais conseguem ser atraentes? Visitem as escolas e verão que elas não são nada atraentes.

Há um potencial especial no jovem da favela; ele quer se informar mais, ele é um verdadeiro curioso. Em outras palavras, o jovem de favela, ou de qualquer outro território pobre, precisa de metodologias sedutoras que o façam compreender toda a teia de associação em que ele pode e deve estar inserido.

Esse é um desafio que precisa ser transposto. É importante que a juventude não seja vista apenas como parte do problema, mas parte importante das soluções. O privilégio de me expressar aqui pode representar uma virada de mesa importante. Importante e necessária.

Estamos, afinal, falando de oportunidades para quem?

Demandas do Complexo de Manguinhos

Marcelo Radar*

---

*Presidente da Associação de Moradores do Parque Oswaldo Cruz.

TRAGO UMA GRANDE preocupação, que compartilho com os pais, mães, filhos e netos dos dependentes químicos, principalmente os do crack, em nossas comunidades. No Fórum Nacional, falamos em realizações, investimentos, construções habitacionais e em transformações acontecendo na sociedade moderna. Como morador da favela, vejo que a visão de transformação ali encontra-se um pouco distante, pois não vi ações claras que realmente venham respeitar a vontade do cidadão da comunidade, que para muitos vive à margem da lei. Temos de desmistificar a ideia de que todo morador, todo presidente é associado ao tráfico, pois a verdadeira associação de que participamos é a associação do habitante da favela, que vive os dias atuais à margem da sociedade, que viveu grande parte da sua vida no esquecimento. Ele merece uma oportunidade, uma vida melhor. Quando falo em vida melhor, falo em ter oportunidade de trabalho, educação, lazer, cultura, moradia, transporte, acesso às coisas boas do mundo moderno, sem ter de enterrar um ente querido a cada batida policial. A realidade é que quem mora na favela acaba vivendo tão próximo uns das dificuldades dos outros que todos são de alguma forma amigos, irmãos, filhos e netos, parentes da favela.

Imagina que a maior realidade de emprego que possuímos no Complexo de Manguinhos é a Fiocruz, que atende plenamente a força de trabalho da favela. Sem ela, o que seria de nós? Seríamos trabalhadores informais, nos sinais de trânsito da vida. Pensando em um futuro melhor, entendo que deveria existir uma lei que obrigasse as grandes empresas a investirem percentuais de seus lucros nas comunidades consideradas carentes, profissionalizando, gerando empregos, capacitando. Essas empresas deveriam atingir metas de ressocialização, inserção social e de transformação de vidas, pois uma vida não é feita só de coberturas em Copacabana, na Barra, em Nova York, de restaurantes caros, de comer caviar sorridentemente, enquanto muitos não têm nem o que comer.

Outro absurdo é o fato de algumas empresas só investirem onde tem UPP. As comunidades que não possuem UPP são marginalizadas, não possuem projetos sociais, a não ser aqueles indicados por políticos, que em época de eleições não têm medo de nada, encaram tudo pelo voto. Já dizia Bezerra da Silva em sua música:

> Ele subiu o morro sem gravata,/ dizendo que gostava da raça,/ foi lá na tendinha, bebeu cachaça,/ até bagulho fumou,/ entrou no meu barracão./ E lá usou lata de goiabada como prato,/ eu logo percebi é mais um candidato/ para a próxima eleição./ [...] /meu irmão, se liga no que eu vou lhe dizer./ Depois que ele for eleito, dá aquela banana pra você, [...]

É a pura realidade passada em alguns trechos da música do saudoso Bezerra da Silva: "Hoje ele pede teu voto, amanhã manda a polícia te bater e prender." A política é promíscua, todos sabem disso, mas só a comunidade é considerada a "Faixa de Gaza", o ponto alto da violência, quando muitos desses que foram eleitos por nós, favelados, são investigados por CPIs do Senado, das Câmara Federal, Estadual e Municipal. Infelizmente vivemos em uma sociedade que se acostumou com a corrupção do colarinho branco, e tenta de toda forma jogar a culpa na favela, na violência que muitas vezes é racista. Mas o viciado vem da Zona Sul, da Zona Norte, do estrangeiro... Ele não tem nacionalidade, pode ser natural do mundo. Ele é um dependente químico, que muitas vezes precisa do amparo do Estado. Nós, moradores da comunidade, não controlamos fronteiras, mas somos encurralados pelo poder que o Estado dá a alguns despreparados, que tiram a vida de milhares, que podem ser inocentes ou não, mas que, com certeza, são reféns dessa sociedade.

Apesar desse desabafo, acredito que, principalmente através da Educação, podemos mudar o panorama político de nosso país, onde políticos se perpetuam em cargos e transformam seus herdeiros em verdadeiros. protetores dos interesses pessoais, sejam de uma empresa, sejam de um estado, de um município. Não investem em pessoas, investem em técnicas que possam de alguma forma proteger o interesse pessoal, aniquilando muitas vezes o interesse público e principalmente o interesse da coletividade nessa sociedade.

Um abraço a todos os favelados, a todos do asfalto.

Só nós podemos mudar essa sociedade!

Nova Era

Luis Erlanger*

---

*Diretor da Central Globo de Comunicações.

PROVIDENCIALMENTE EU TINHA sugerido mostrar uma tendência na televisão, pois o protagonismo das Organizações Globo se dá em um outro campo, diferentemente do que é discutido aqui, é na área de Comunicação Social. É papel do jornalismo mostrar a realidade, juntar vozes pelas mudanças sociais, por inclusão. Mas está acontecendo um fenômeno na contramão do papel tradicional do entretenimento, que é no campo da ficção sem compromisso algum com a realidade. Essa categoria, que muitas vezes tem de ser mesmo politicamente incorreta, anda espelhando ultimamente, de maneira muito forte, esse mesmo clamor.

É uma mudança porque a regra dizia para não se levar a dura realidade para a ficção. "Em novela, ninguém aguenta isso. Já viu no *Jornal Nacional*, no *RJ-TV*; tira esse troço da novela, o telespectador quer ver romance, sonhar!", era o pensamento comum. Vocês vão ver nesse vídeo que há uma nova onda no ar.

Onde termina a realidade e começa a ficção nas novelas da Globo! O que é mais comum na telinha: a arte de imitar a vida ou a vida imitar a arte?

Por mais que habite o mundo da ficção, a criação artística nasce, inevitavelmente, da realidade. Mesmo em um veículo de comunicação e em um horário historicamente destinado ao entretenimento de milhões de famílias brasileiras.

Mais do que nunca, nos dias de hoje, a TV aberta desmente a tese segundo a qual a novela é um instrumento escapista de alienação e desligamento do cidadão telespectador. Pelo contrário, quanto mais próxima a novela está do cotidiano do telespectador, maior o interesse e a identificação dele com a história.

E mesmo diante de cenários emblemáticos de miséria e abandono que alguns consideravam espantalhos de audiência, o telespectador, em vez de rejeitar, se envolve cada vez mais com os dramas humanos e reais que fazem parte do nosso dia a dia.

O drama da novela pode estar na curva perigosa de uma estrada malconservada, que o motorista explorado não consegue contornar. O gesto emocionante de solidariedade pode surgir ali mesmo entre dois personagens muito parecidos com gente e que a gente conhece durante uma viagem pelo coração do Brasil.

Há cenas que chocam, que causam revolta e solidariedade. Infelizmente não são fantasia. Nós sabemos que elas acontecem impunemente por trás de muitas paredes.

É uma teledramaturgia que não ignora também o que acontece à luz do dia em nossas esquinas e diante de nossos olhos impotentes.

São ricos e pobres, bandidos e mocinhos, todos no mesmo barco em dramas e tramas de uma realidade que faz parte de nossa vida.

É claro que o que importa para milhões de telespectadores, no final das contas, é saber se o herói, a heroína vão estar juntos na busca eterna do amor e da felicidade.

Teledramaturgia, afinal, não é simpósio político nem manual de conduta politicamente correta, mas os personagens de hoje não podem mais fingir que estão em outro planeta, nem que seja para fazer uma ironia cheia de desencanto que nos provoca e nos faz refletir.

E é assim que a Globo, seus autores e artistas, atentos aos anseios da população e sem abrir mão da licença poética dessa poderosíssima forma de cultura popular que é a telenovela, procuram mostrar, além da emoção do folhetim eletrônico, os caminhos possíveis da mudança e da felicidade.

A narração é do "vilão" José de Abreu. Acho que estava na hora de ele fazer alguma coisa boazinha... Obrigado.

A sustentabilidade da habitação de interesse social

Thomás Tosta de Sá*

---

*Presidente-executivo do IBMEC (Mercado de Capitais).

No ÂMBITO DO Plano Diretor do Mercado de Capitais, foi estabelecido como uma de suas prioridades a utilização de instrumentos do mercado de capitais para a solução de um dos mais graves problemas da sociedade brasileira: a habitação para as classes de baixa renda. Entendemos como baixa renda as famílias que recebem até cinco salários-mínimos.

Segundo dados do IBGE, levantados em estudo promovido pelo Sinduscom do Rio de Janeiro–Firjan, o déficit habitacional brasileiro em 2004 era de 7,7 milhões de habitações, sendo que 91,6% atingem a população de baixa renda.

O Rio de Janeiro é talvez o exemplo mais visível dessa grave crise.

As favelas do Rio de Janeiro, em número superior a 750, abrigam mais de 1/3 da população da cidade. O pior é que a taxa de crescimento da população de comunidades aumenta a uma taxa quatro a cinco vezes maior do que a população do asfalto. Se não encontrarmos uma solução imediata para esse problema, o Rio de Janeiro, mundialmente conhecido como Cidade Maravilhosa, passará em poucas décadas a ser chamada de Rio Favela.

O problema da ausência de uma solução para a habitação para as classes mais pobres não é exclusivo do Rio de Janeiro, e as favelas crescem de forma descontrolada, na grande maioria dos municípios brasileiros.

Os princípios de sustentabilidade da habitação de interesse social têm de estar centrados nos direitos básicos do ser humano: liberdade, propriedade e dignidade.

A criação das UPPs no Rio de Janeiro veio restabelecer, nas favelas em que foram implantadas, o princípio básico da liberdade de ir e vir.

Recordo-me de quando, na década de 1970, minha esposa tinha uma loja de produtos infantis e subia a favela da Rocinha para deixar com uma costureira o material para a confecção das roupinhas e voltava depois para buscá-las. Havia a liberdade de ir e vir e estimulava-se o trabalho local.

Governos irresponsáveis se sucederam e gradualmente as favelas do Rio, dominadas pelo tráfico de drogas, tornaram-se territórios proibidos de livre circulação, só permitida com a autorização dos traficantes de plantão.

O restabelecimento da liberdade de movimentação é o primeiro passo.

Outra iniciativa que tem sido buscada, de dar a propriedade aos moradores das favelas, também já alcançou algum sucesso graças a esforços do governo e de setores da iniciativa privada.

A burocracia que impera nesses processos tem atrasado o restabelecimento desse princípio básico da moradia.

Mas aonde precisamos avançar com mais intensidade é no princípio da dignidade da habitação comunidade.

Tem de ser buscada uma alternativa digna para os moradores dessas favelas, oferecendo-se a eles não apenas belas soluções arquitetônicas. como aparece na crítica de "nova concepção de urbanização das favelas", do livro *Favela como oportunidade*, de João Paulo dos Reis Velloso, Marilia Pastuk e Vicente Pereira Júnior, distribuído no XXIV Fórum Nacional.

Temos de apresentar soluções de moradias que permitam à população de favelas ter acesso à educação de qualidade, serviços de água, esgoto, eletricidade, comunicação, postos de segurança, saúde e creches que deem tranquilidade a seus moradores para sair de casa para com seu trabalho ganharem o sustento para suas famílias. Incentivar iniciativas empreendedoras para serem desenvolvidas nas próprias favelas ou em locais de sua proximidade.

Mas o espaço disponível para viabilizar essas soluções nas favelas não existe.

Haverá necessidade de se reduzir a densidade demográfica nas favelas para permitir aos que fiquem ser possível oferecer as condições de dignidade das suas moradias.

A proposta de remoção das favelas não é uma solução aceitável, a não ser que localizadas em áreas de risco ou degradação irrecuperável. Mas essa solução só pode ser praticada se for possível oferecer uma solução melhor do que se tem.

No passado, a região metropolitana do Rio de Janeiro sofreu uma ocupação ao longo das linhas férreas, muitas vezes em loteamentos irregulares, transformando-se em cidades-dormitórios com núcleos desorganizados junto das estações.

Com o abandono do transporte ferroviário nas últimas décadas, existem milhões de metros quadrados de terrenos ao longo dos quase 290km de trilhos na região metropolitana do Rio que poderiam se transformar em verdadeiros "bairros verdes" para os habitantes de baixa renda, e que atendam aos princípios básicos de moradia anteriormente mencionados caso se priorizassem os investimentos na recuperação desse transporte.

É a visão de uma nova fronteira urbana com transporte ferroviário de qualidade.

Nos Estados Unidos, logo após a Segunda Guerra Mundial, a iniciativa de um empreendedor imobiliário de incorporar a ilha de Long Island à região metropolitana de Nova York, aproveitando o eixo da estrada de ferro de Long Island, permitiu o estabelecimento de novos bairros residenciais, em terras que antes se prestavam apenas para o cultivo de batatas ou cebolas e algumas áreas de lazer para utilização exclusivamente no verão pelas famílias milionárias de Nova York, resolvendo o problema de moradia de milhares de jovens que retornavam da guerra.

No Rio e no resto do Brasil, se quisermos solucionar o problema da dignidade das moradias, temos de resolver junto o problema da dignidade do transporte público.

O mercado de capitais brasileiro, através de seus instrumentos de acesso à poupança nacional, poderão funcionar como um importante veículo para a ampliação da fronteira da habitação de interesse social.

QUARTA PARTE

VISÕES DE BRASIL E "OS ESTATUTOS DO HOMEM" (ODE AO AMOR, À VIDA E À LIBERDADE)

A VIDA DO POEMA*

"OS ESTATUTOS DO HOMEM" foram escritos pelo poeta brasileiro Thiago de Mello em abril de 1964, quando ele era adido cultural da embaixada do Brasil no Chile.

Quase imediatamente, Pablo Neruda — um dos maiores poetas do século XX e amigo pessoal de Thiago de Mello —, profundamente comovido pelos "Estatutos", traduziu-os da única e maravilhosa maneira que um poeta é capaz de escrever: transformando essa tradução em uma obra de arte.

O poema "Os Estatutos do Homem" logo se consagrou como um dos mais famosos da literatura brasileira. Desde então, tem viajado por todas as partes do mundo em livros, pôsteres, discos e fitas cassetes. Declamado em auditórios, teatros e praças, argumento de um balé e musicado, comoveu e inspirou milhões de pessoas.

Esses "Estatutos" formam parte do livro de Thiago de Mello *Faz escuro, mas eu canto*.

Hoje, o mundo volta a estar dolorosamente escuro. E um temível perigo nos ameaça nesses tempos difíceis, um perigo muito mais relacionado com o espiritual do que com o físico: a desesperança. A temível sensação de que nada vale a pena, de que não há futuro para o homem.

Por isso, o poeta definiu sua obra naqueles dias com palavras mais atuais do que nunca:

A poesia é uma arma contra as forças escuras, contra o império da injustiça, da arbitrariedade e do terrorismo...

---

*In: "Os Estatutos do Homem", de Thiago de Mello, tradução de Pablo Neruda. México: Vergara e Ribas Editores, 2001.

Esse poema é uma afirmação dos valores eternos do homem, da fé no amanhã, da grande vocação pela paz...

Com orgulho, apresentamos a primeira edição bilíngue, em português e espanhol, dos "Estatutos": uma celebração da vida.

Thiago de Mello lembra que, quando apareceram os "Estatutos", um escritor de seu apreço, no fim da leitura, interferiu para fazer um leve reparo: o poema lhe parecia "utópico demais".

No começo do século XXI, quase 40 anos depois, o poeta diz:

Aproveitei para afirmar naquela época o que agora reafirmo com maior vigor: creio ardentemente na utopia e, por ventura, meus versos não são mais que expressão poética de minha convicção de que, apesar de todas as ferocidades que se cometem neste reino dos homens, é possível, sim, a construção de uma sociedade humana solidária.

"Os Estatutos do Homem"
(poema de amor, vida e liberdade — ontem e hoje)

Thiago de Mello*

---

*Poeta.

O POETA VIVE DE ESPERANÇA, mas, como todo mundo, precisa ter ouvidos para os economistas e empresários. Terá alguma coisa a dizer? Creio que sim. Lembro-lhes a humanidade comum. Atendo ao chamado honroso do ministro Reis Velloso, trago algumas indagações.

- Até quando poderemos adiar o inadiável? Aprendi a pergunta com o poeta Rimbaud.
- Por que cada dia mais os mercadores compram o sol das manhãs vindouras, castigam a vida das crianças que ainda vão nascer?
- Quando a comida dos cordeiros será tão abundante quanto a dos lobos?
- Até quando e por que o homem se transforma em desumano e queima o ventre verde do planeta com sua lâmina de fogo e ingratidão?
- Por que chegam tão vagarosos e envergonhados os ventos que desfraldam a bandeira da esperança? Essa esperança humana que sofreu sua maior derrota no 10 de dezembro de 2010 em Copenhague, onde governantes do mundo inteiro se reuniram para fixar o pequenino nível máximo de emissão dos gases malignos que queimam a Terra. E foram incapazes de chegar a um acordo.
- Por que a poderosa economia, elevada à sexta potência mundial, não dá as mãos à Educação e à Saúde, imprescindíveis para a construção do reinado da Justiça?

Atrevo-me, companheiros de caminho, a dizer que é possível, sim, a construção de uma sociedade humana solidária. Desde que cada um de nós, sobretudo os governantes, seja capaz de trabalhar na mudança do que precise mudar.

Estou com Sófocles: "Muitas coisas maravilhosas há no mundo, mas nenhuma mais maravilhosa do que o homem." Um animal que ama.

Creio que um dia o amor triunfará.

Mantenho-me fiel à utopia.

"OS ESTATUTOS DO HOMEM"

Artigo 1º

Fica decretado que agora vale a verdade. Agora vale a vida, e, de mãos dadas, trabalharemos todos pela vida verdadeira.

Artigo 2º

Fica decretado que todos os dias da semana, inclusive as terças-feiras mais cinzentas, têm direito a converter-se em manhãs de domingo.

Artigo 3º

Fica decretado que, a partir deste instante, haverá girassóis em todas as janelas, que os girassóis terão direito a abrir-se dentro da sombra, e que as janelas devem permanecer, o dia inteiro, abertas para o verde, onde cresce a esperança.

Artigo 4º

Fica decretado que o homem não precisará nunca mais duvidar do homem, que o homem confiará no homem como a palmeira confia no vento, como o vento confia no ar, como o ar confia no campo azul do céu. O homem confiará no homem como um menino confia em outro menino.

ARTIGO 5º

Fica decretado que os homens estão livres do jugo da mentira; nunca mais será preciso usar a couraça do silêncio nem a armadura de palavras; o homem se sentará à mesa com seu olhar limpo, porque a verdade passará a ser servida antes da sobremesa.

ARTIGO 6º

Fica estabelecida, durante todos os séculos, a prática sonhada pelo profeta Isaías, e o lobo e o cordeiro pastarão juntos, e a comida de ambos terá o mesmo gosto de aurora.

ARTIGO 7º

Por decreto irrevogável, fica estabelecido o reinado permanente da justiça e da claridade, e a alegria será uma bandeira generosa para sempre desfraldada na alma do povo.

ARTIGO 8º

Fica decretado que a maior dor sempre foi e será sempre não poder dar amor a quem se ama, e saber que é a água que dá à planta o milagre da flor.

ARTIGO 9º

Fica permitido que o pão de cada dia tenha no homem o sinal de seu suor. Mas que sobretudo tenha sempre o quente sabor da ternura.

ARTIGO 10º

Fica permitido a qualquer pessoa, a qualquer hora da vida, o uso do traje branco.

Artigo 11º

Fica decretado, por definição, que o homem é um animal que ama, e que por isso é belo, muito mais belo que a estrela da manhã.

Artigo 12º

Decreta-se que nada será obrigado nem proibido. Tudo será permitido, inclusive brincar com os rinocerontes e caminhar pelas tardes com uma imensa begônia na lapela. Só uma coisa fica proibida: amar sem amor.

Artigo 13º

Fica decretado que o dinheiro não poderá nunca mais comprar o sol das manhãs vindouras. Expulso do grande baú do medo, o dinheiro se transformará em uma espada fraternal para defender o direito de cantar e a festa do dia que chegou.

Artigo final

Fica proibido o uso da palavra liberdade, a qual será suprimida dos dicionários e do pântano enganoso das bocas. A partir desse instante, a liberdade será algo vivo e transparente, como um fogo ou um rio, ou como a semente do trigo, e a sua morada será sempre o coração do homem.

Estatutos e declarações universais são guias para a ação

Maria Celina D'Araujo*

---

*Professora da PUC-Rio.

Nunca me imaginei refletindo publicamente sobre um poema. Isso porque me faltam a arte e o talento de lhe dar o devido valor. Vou praticar essa leviandade de forma irada. Não irada no sentido atual de "bacana", mas na concepção do pecado capital da ira. Assim, começo pedindo perdão ao poeta Thiago de Mello por tirar a poesia de seu poema "Os Estatutos do Homem" e transformá-lo em pretexto para refletir sobre mazelas de nosso tempo. Vou fazer do poema uma plataforma para elaborar um rol de preocupações.

"Declarações universais" ao longo da história ocidental têm alimentado o imaginário social e têm servido de amálgama para alavancar novos direitos, denunciar déficits de humanismo, de civilidade, de direitos e de democracia.

A primeira grande e conhecida declaração "universal" foi a *Declaração de Direitos da Virgínia*, de 12 de junho de 1776, anunciando o nascimento de uma nova nação, os Estados Unidos da América do Norte. A nova nação pretendia se pautar pelo ineditismo de produzir uma sociedade de homens livres e iguais. Em sua Terceira Seção, a Declaração diz:

> O governo é, ou deve ser, instituído para o benefício, a proteção e a segurança comuns do povo, da nação ou da comunidade; de todos os vários modos e formas de governo, o melhor é o que for capaz de produzir o maior grau de felicidade e segurança, e estiver mais eficazmente seguro contra o perigo da má administração; e quando qualquer governo se revelar inadequado ou contrário a esses propósitos, a maioria da comunidade tem o direito indubitável, inalienável e irrevogável de reformá-lo, alterá-lo ou aboli-lo, da maneira que for mais condizente ao bem público.

Esse é o primeiro e dos poucos documentos desse teor que ousa falar explicitamente da *felicidade* como um bem público a ser zelado pelo governo. Da mesma forma, seguindo pioneiramente os passos do jusnaturalismo, prega o direito à desobediência e à destituição dos governos que não cumprirem os objetivos para os quais foram escolhidos. Trata-se, sem dúvida, de um libelo a favor de muitas ideias que engendrariam as utopias democráticas e igualitárias dos anos seguintes.

Vinte e três anos depois, a França assumiria a vanguarda ao lançar a *Declaração dos Direitos do Homem e do Cidadão*, aprovada pela Assembleia Nacional em agosto de 1789. A Declaração, que também fará a apologia da felicidade, começa afirmando "que a ignorância, o esquecimento e o desprezo dos direitos do homem são as únicas causas das desgraças públicas e da corrupção dos governos". Por isso, os representantes do povo francês haviam resolvido "expor numa Declaração solene os direitos naturais, inalienáveis e sagrados do homem" para lembrar constantemente a todos os membros da comunidade social que "seus direitos e seus deveres" deviam ser respeitados. Da mesma forma, a Declaração, "em princípios simples e indiscutíveis", contribuiria "sempre para a manutenção da Constituição e para a *felicidade* de todos".

Esses dois documentos são fundadores da cultura política ocidental. O termo *felicidade* ali exposto pode não ter o sentido existencialista e egocêntrico que ganhou no século XX, posto que se baseava nos conceitos utilitaristas da época. Sem dúvida, contudo, falava da felicidade como o maior prazer (maiores benefícios e direitos) para a maioria.

Essas declarações falam dos temas que marcarão a organização social e política das sociedades modernas e de uma nova concepção de indivíduo: aquele provido naturalmente de direitos. Iniciam o que ficou conhecido como *a era dos direitos* e trouxeram o tema da liberdade para a cesta básica das necessidades humanas.

Depois da Segunda Guerra Mundial, uma nova declaração ganhou caráter global, agora falando para um conjunto de nações e de estados organizados, e não para uma sociedade específica. A *Declaração Universal dos Direitos Humanos*, proclamada pela Assembleia Geral das Nações Unidas, em 10 de dezembro de 1948, ainda é uma utopia, mas serve de guia em busca da boa sociedade e de base para a punição dos governantes ou líderes, civis e militares, que abusam de seus poderes. Seu preâmbulo é contundente ao reconhecer que a dignidade é "inerente a todos os membros da família humana" e é "o fundamento da liberdade, da justiça e da paz no mundo". Da mesma forma, afirma que "o desprezo e o desrespeito pelos direitos humanos resultaram em atos bárbaros que ultrajaram a consciência da Humanidade", e que os seres humanos não devem viver em condições que os impilam "como último recurso à rebelião contra a tirania e a opressão". A *Declaração* sinaliza claramente a necessidade de se "promover o desenvolvimento de relações amistosas entre as nações" e reitera "sua fé nos direitos humanos fundamentais, na dignidade e no valor da pessoa humana e na igualdade de direitos dos homens e das mulheres".

A *Declaração* foi proclamada "como o ideal comum a ser atingido por todos os povos e todas as nações, com o objetivo de que cada indivíduo e cada órgão da sociedade", tendo-a sempre em mente, "se esforce, por meio do ensino e da educação, a promover o respeito a esses direitos e liberdades". Nessa perspectiva, seu Artigo primeiro sintetiza uma máxima que ainda soa como um vir a ser: "Todas as pessoas nascem livres e iguais em dignidade e direitos. São dotadas de razão e consciência e devem agir em relação umas às outras com espírito de fraternidade."

Em abril de 1964, em Santiago do Chile, indignado com o Ato Institucional que estatuía o governo golpista como governo legal, Thiago de Mello escreveu o seu "Os Estatutos do Homem" e o dedicou ao amigo Carlos Heitor Cony. Deu-lhe o subtítulo de "Ato Institucional Permanente", sugerindo um esforço constante pela liberdade e contra o arbítrio que o Ato Institucional do governo anunciava. O poeta não podia supor, nem ele nem ninguém nesse momento, que aquele Ato "revolucionário" seria o primeiro de uma série que tornaria o dia a dia mais difícil para quem amava as *declarações universais*.

Thiago de Mello dividiu o poema em 13 artigos, não sei se de forma cabalística, como não sei se a roupa branca com que sempre o declamou venha a ter sentido transcendental. Mas nada disso importa quando se faz poesia e se adentra no mundo da liberdade poética.

De cada um dos 13 artigos de "Os Estatutos do Homem", destacarei uma palavra ou ideia que apontem para déficits de nossa democracia ou para minhas implicâncias. O primeiro fala de *verdade e vida verdadeira*. Contraponho essa verdade desejada e sonhada à falta de transparência em nossa vida pública, ou seja, às práticas obscuras das elites, à pouca lisura nos gastos públicos e dos gastos dos homens públicos, e à precariedade dos direitos humanos. Somos um país que não se aceita como racista, mas é onde se vê que negros e negras estão presentes nas universidades prioritariamente como seguranças, porteiros ou nos serviços de manutenção. A verdade sobre a igualdade racial não é questionável, embora muitos rejeitem as políticas de ação afirmativa de cunho étnico. Os direitos dos mais fracos estão longe da verdade quando se sabe que muitos ainda se submetem a trabalho análogo ao escravo.

O artigo segundo prega o *direito às manhãs de domingo*, e suponho que o poeta queira nos falar de momentos felizes e amorosos, assim como o fez Tim Maia com *Um dia de domingo*. Os domingos no Brasil, para a maioria, significa descansar em frente à TV, que desfila programas inomináveis em termos de qualidade. Os dias de domingo não têm cinemas, áreas de lazer em abundância, museus, bibliotecas ou teatros gratuitos ou baratos para a grande maioria que vive mergulhada na idiotia televisiva. Nos dias de domingo, o que é melhor é apenas o trânsito doentio das grandes cidades.

A seguir, o poema fala de *girassóis nas janelas, do verde de onde brota a esperança* e a vida. Difícil não lembrar as dificuldades para a formulação e aprovação de políticas públicas ambientais, difícil não lembrar que a cultura ambiental está mais próxima do povo do que de suas elites. Em suma, ele nos alerta que a vida que brota do verde e o verde que faz a vida precisam receber cuidados mais sérios. O lixo nas áreas mais carentes, onde a limpeza urbana nunca chega, é o cartão mais visível do anacronismo de nossas políticas municipais de limpeza urbana. A política de limpeza urbana é um negócio que gera dinheiro, nem sempre limpo, para empresários e humilha pessoas na função de catadores e moradores de lixões.

No artigo quarto, fala-se de *confiança entre os homens*. O Brasil é um país com baixíssima confiança interpessoal. Provavelmente pelo exemplo que vem de cima, todos parecem suspeitos. A baixa confiança e pouca cooperação ficam explícitas num dos mais populares ditados brasileiros: "Farinha pouca, meu pirão primeiro." Ou seja, em momentos adversos de escassez ou de agruras, recomenda-se que cada um se torne ainda mais egoísta.

Ausência ou fraqueza de capital social fazem as sociedades mais pobres porque menos solidárias. Isso se expressa também na falta de confiança nas instituições, derivada em boa parte das más práticas de governantes e representantes que usam os recursos públicos de forma patrimonial. Sociedades mais prósperas têm menos cercas nos quintais e menos cadeados nas portas porque seu padrão de acumulação de riqueza foi feito sem a pilhagem e a exploração humilhante sobre a maioria.

Temos a seguir menção à abolição da mentira: "a verdade passará a ser servida antes da sobremesa". Mentir no Brasil é rotina para governantes, empresas e entidades públicas. Mente-se sobre números, obras, serviços, promete-se o que não se cumpre. Mentir não é crime, é entendido como parte da sabedoria política, comercial e funcional. Com isso, sobram inverdades sobre os efeitos das políticas contra a violência doméstica praticada contra mulheres e crianças, contra o assédio sexual e a discriminação étnica. Mente-se sobre obras não feitas, mas apresentadas como realizações, sobre custos de obras feitas, inacabadas ou inexistentes, sobre serviços vendidos e não entregues.

O artigo sexto sinaliza para a possibilidade de cooperação em relações assimétricas: "o lobo e o cordeiro pastarão juntos e a comida de ambos terá o mesmo gosto de aurora." Gosto dessa metáfora, que leva a pensar o quanto podemos inovar na administração dos conflitos e o quanto, no Brasil, o lobo muitas vezes são os poderes constituídos que martirizam o cidadão, a exemplo do Judiciário, que nos deixa anos ou até décadas esperando por um direito líquido e certo. Apenas esperando a assinatura de um juiz. Não por acaso, o artigo seguinte fala de *justiça*, embora o mundo real me faça lembrar que os que deveriam distribuir justiça são os que mais defendem privilégios.

Vamos em seguida para o terreno do *amor*. Posso entender a forma de amar ali anunciada não apenas como parte do amor romântico, mas como direito a expectativas de reciprocidade. Expectativas do povo para com os governantes que não se furtam ao estelionato eleitoral tão fecundo à esquerda e à direita. Expectativas de direitos e produtos contratados e pagos e não entregues, a exemplo da segurança pública, um dos mais antigos direitos civis. Isso para não mencionar a saúde, a educação e a telefonia celular.

O artigo nono lembra que o "pão de cada dia" deve ser ganho com o suor do trabalho. Nada mais utópico num país em que ainda se enaltece a rapina, a exploração, em que os salários para os mais humildes são ainda vergonhosos e a corrupção, assunto nosso de cada dia, corre poucos riscos de custos de transgressão.

Em meio a tantos desejos, o poeta evoca o direito de usar o "traje branco", ao que tudo indica sua cor preferida. Com isso pode-se invocar o direito à diversidade cultural, étnica, o direito a todas as cores: as cores do som, da roupa, da poesia, do cotidiano, do trabalho digno, da arquitetura, das praias, das florestas. A sociedade colorida é livre e, se é livre, feliz.

Pessoas de branco, ou em qualquer cor, devem ser *animais que amam*. A animalidade aqui não diz respeito à irracionalidade selvagem, mas atenta para o fato de que somos seres amorosos. Mais do que isso, somos movidos por valores, e não apenas pela tão preconizada racionalidade econômica. Não somos apenas *Homo economicus*. Somos feitos de valores morais, o que evoca a máxima kantiana do imperativo categórico.

Será possível na ética kantiana admitir que "nada será obrigado nem proibido"? Na liberdade poética não há contradição nesses termos, pois supõe-se que ser moralmente correto seria a mola mestra dessa sociedade desejada. Nada mais distante, contudo, do que se pratica em vários gabinetes de governo em todos os níveis da Federação.

Finalmente, o artigo décimo terceiro, talvez enunciando as lendas e superstições sobre esse número, fala do vil metal, do *dinheiro*. Dinheiro, assim como o número 13, pode trazer sorte ou desgraça. O poeta faz aqui, talvez, um apelo para que o dinheiro esteja a serviço da felicidade: seja um meio não só para se ganhar a vida, mas para cantar e festejar a existência fraterna. Sem dúvida, um apelo que caminha na contramão da sociedade consumista de hoje, em que tudo se mede pela régua do poder de compra e pelo que se pode comprar mesmo que não se tenha tempo de usar e mesmo que seja apenas o descartável do momento. E ainda compra-se o que não é necessário, mesmo que não se tenha recursos para pagar. O culto ao consumo gera dívidas impagáveis no país com as mais altas taxas de juros do mundo. A sociedade de consumo que produzimos gerou o *pântano enganoso* da felicidade. A cidadania se faz aqui pelo consumo, e não pela dignidade do direito de aprender a pensar, desde cedo, em uma boa escola.

No evento do Fórum Nacional que me obrigou a esse comentário, Thiago de Mello nos disse que sua mãe, por várias vezes, em diferentes momentos, lhe disse que esse era um poema que falava da vida. Talvez eu tenha exagerado na forma como vejo hoje a vida pela janela de suas palavras. Digamos que peço licença à liberdade poética por não ter praticado alguma poesia e feito um protesto cansado e repetitivo.

Termino, seguindo o poema, sintetizando meu mal-estar em um rol de 13 demandas, que realizadas fariam homens e mulheres de todas as cores terem mais dignidade no país:

1. Transparência e *accountability* vertical e horizontal na administração pública.
2. Direito à cultura: bibliotecas, teatros, cinemas, banda larga etc. em todo o país como investimento humano.
3. Meio ambiente e sustentabilidade como políticas efetivas do Estado.
4. Políticas públicas e bons exemplos a partir de cima que incentivem a criação de capital social, a confiança interpessoal e nas instituições.
5. Responsabilização estatal e individual por práticas preconceituosas e discriminatórias contra mulheres, negros e contra os direitos humanos em geral.

6. Melhores práticas na administração de conflitos. Distribuição de direitos, e não prolongamento de angústias.

7. Existência de um Judiciário movido mais pelas necessidades dos cidadãos e menos pela política e pelo corporativismo.

8. Respeito dos governantes às expectativas por eles criadas. Punir com mais presteza o estelionato eleitoral e empresarial. Responsabilizar criminalmente corruptos e corruptores.

9. Entender trabalho e renda como valores a serem mais respeitados nos salários, no transporte, no seguro social, nas condições de trabalho etc.

10. Respeito às diferentes manifestações étnicas e culturais, na música, nas roupas, nos cabelos, nos cheiros, nas crenças e na vida como um todo.

11. Fortalecimento da ideia de moralidade como componente humano em contraposição à nossa renitente lógica do *Homo economicus*.

12. Entendimento de que utopias solidárias e igualitárias são guias para a ação, de que desigualdade, assim como a democracia, não são inerentes à sociedade de mercado, mas também não são incompatíveis com ela. Igualdade, mercado e democracia como construções humanas produziram algumas experiências bem-sucedidas na social-democracia.

13. O princípio da liberdade deve ser o meio e o fim do desenvolvimento, como recorrentemente tem apregoado Amartya Sen.

PLAGIANDO O POETA, TERMINO COM UM "ARTIGO" FINAL

Privilégios, hierarquias engessadas, ocultação de fatos e da verdade são rotina no Brasil. Não combinam com as modernas democracias. Não combinam com nenhuma das declarações que mencionei. São o testemunho declarado de que não levamos a sério tais *declarações* fundadoras da cultura humanista e democrática do Ocidente.

P.S.: Cheguei ao fim sem ter me detido no possível machismo do título, mas preciso fazer um lembrete. O poema fala de vida em liberdade e entende humanidade como "homens". A rigor, na época, a língua portuguesa já brigava com esse monopólio do masculino, um hábito que vem da Bíblia, o primeiro livro impresso. O título hoje não é politicamente correto, mas a licença poética ainda é sagrada.

A tal da liberdade

*Ana Maria Gonçalves**

---

*Escritora, autora do romance *Um defeito de cor*, Rio de Janeiro: Record, 2006.

DESDE QUE COMECEI a pesquisar para escrever o livro *Um defeito de cor*, que tem uma escrava e depois ex-escrava como narradora e protagonista, tenho percebido o quão pouco sabemos sobre a escravidão brasileira, uma das mais longas, mais cruéis e mais cheias de nuanças. Por isso, quem se dedica a estudar o assunto viu com horror o adiamento da votação da Proposta de Emenda Constitucional n° 438/2001, que tornaria possível o confisco de terras, para fins de reforma agrária ou uso social, onde fosse encontrado trabalho escravo. A medida foi tomada depois que se constatou que havia grande perigo de que não fosse aprovada, por causa de ações articuladas pela bancada ruralista. Os ruralistas apontam que a emenda provocaria "insegurança jurídica" porque, segundo eles, não há clareza sobre o conceito de trabalho escravo. Ou seja: os ruralistas acreditam que não sabemos exatamente o que é trabalho escravo, implantado e utilizado no Brasil desde o século XVI.

O artigo 149 do Código Penal, que trata do trabalho escravo, é de 1940. Foi atualizado em 2003, e tem a aprovação da Organização Mundial do Trabalho. Segundo o jornalista Leonardo Sakamoto, especialista no assunto, constam das leis brasileiras os seguintes elementos, que determinam o trabalho escravo: "condições degradantes de trabalho são aquelas que excluem o trabalhador de sua dignidade. Jornada exaustiva não é aquela que deixa você cansadinho no final do dia, mas a que impede o trabalhador de se recuperar fisicamente e ter uma vida social — um exemplo são as mais de duas dezenas de pessoas que morreram de tanto cortar cana no interior de São Paulo nos últimos anos. Cerceamento de liberdade é reter a pessoa no serviço através de fraudes, isolamento geográfico, retenção de documentos, ameaças físicas e psicológicas, espancamentos exemplares e até assassinatos. Servidão por dívida é fazer o trabalhador contrair ilegalmente um débito e prendê-lo a ele." Isso é o que consta da Legislação brasileira, mas a bancada ruralista diz que não entende, que não está claro, enquanto que, na verdade, está defendendo a inviolabilidade do direito à propriedade, mesmo a cultivada por mãos escravas, colocando-o acima do direito à dignidade humana, da mesma maneira que os senhores de escravos se defendiam da Abolição, reivindicando o direito sagrado da posse do escravo, então tratado como propriedade. Um país que não conhece bem o seu passado está condenado a sempre revivê-lo.

O livro *Disposable People* (de Kevin Bales, University of California Press, 2000), que trata da escravidão contemporânea no Brasil e em vários outros países, traz depoimentos de alguns brasileiros escravizados, como este:

> Meus pais viveram em uma área rural muito seca e, quando fiquei mais velho, não havia trabalho nenhum por lá. Então decidi ir para a cidade. Fui para São Paulo, mas lá foi ainda pior; nenhum trabalho e tudo era muito caro, e o lugar era perigoso — muito crime! Então eu fui para Minas Gerais, porque ouvi que lá havia trabalho. Se havia, eu não encontrei, mas um dia apareceu um "gato" e começou a recrutar pessoas para trabalhar no Mato Grosso. O "gato" disse que receberíamos boa alimentação todos os dias e, além disso, ainda teríamos um bom rendimento. Ele prometeu que a cada mês seu caminhão traria as pessoas de volta a Minas Gerais para que pudessem visitar seus familiares e deixar dinheiro com eles. Ele até mesmo deu dinheiro para alguns darem para suas famílias antes de partirem e para comprar comida para levar com eles na viagem. Ele conseguiu encher seu caminhão com trabalhadores muito facilmente e começamos a viagem para o oeste. Ao longo do caminho, quando parávamos para abastecer, o "gato" dizia: "Vão lá no restaurante e comam o tanto que quiserem, pois eu vou pagar." Nós tínhamos estado com fome por muito tempo, então você pode imaginar o quanto comemos! Quando chegamos no Mato Grosso, continuamos seguindo sempre em frente, mata adentro. O campo era quase 80 quilômetros distante de qualquer outra coisa;

era só o cerrado intocado por mais de 80 quilômetros, antes de até mesmo um rancho, e havia apenas uma estrada. Quando chegamos no campo, vimos que era horrível: as condições não eram boas o suficiente nem para animais. Ao redor do campo havia homens armados. Então o "gato" disse: "Cada um de vocês me deve um monte de dinheiro: há o custo da viagem, de toda a comida que vocês comeram e todo o dinheiro que eu dei para vocês deixarem com as famílias — então, nem pensem em fugir" (p. 127).

Não se sabe ao certo quantos brasileiros vivem hoje em situação semelhante, mas de 1995 para cá foram libertados 42 mil trabalhadores. E o que acontece com as pessoas que os escravizam, e continuará acontecendo, se não aprovarem a PEC 438, é apenas o pagamento de multas. Muitos resolvem se arriscar porque a multa compensa em relação a ter trabalhadores justamente assalariados e tratados com dignidade. Do mesmo modo que compensava mandar navios à África quando já era proibido o tráfico de escravos, porque a lucratividade de uma única viagem não abordada superava as possíveis perdas de uma carga humana ou de um navio.

Antes de ser colocado em um navio negreiro, as duas coisas mais importantes que um escravo perdia eram os laços familiares e o consequente pertencimento a um local ou comunidade, e, mais grave, perdia o nome, obrigado a se submeter ao batismo e a assumir um nome dito cristão, o que o privava de sua identidade. Ao entrar no caminhão de um "gato", um escravo atual é levado para longe de sua família e de sua região, para que não possa pedir ajuda, e tem confiscadas sua carteira de trabalho, privando-o dos direitos de trabalhador, e sua carteira de identidade, desqualificando-o como cidadão. Para esse não cidadão, uma das principais características da escravidão moderna brasileira está contida no título do livro do qual extraio essas citações: "pessoas descartáveis." O autor nos conta sobre as condições nos campos de carvão do Mato Grosso, onde a situação é bastante grave:

Os trabalhadores com os quais conversei tinham sido mantidos escravizados por um tempo entre três meses e dois anos, e raramente mais do que isso. Há várias razões para a brevidade do trabalho. Um campo de carvão tem vida útil de dois ou três anos em determinada localidade antes que a floresta ao seu redor se esgote, e os trabalhadores raramente são levados de um campo para outro. Além disso, os trabalhadores também adoecem e ficam esgotados depois de poucos meses trabalhando nos fornos. Melhor do que manter aqueles que não podem trabalhar a plena capacidade, é mais lucrativo descartá-los e recrutar novos trabalhadores para tomar seus lugares (p. 129).

A vida útil de um escravo no Brasil colonial dos séculos XVII, XVIII e XIX, nos trabalhos mais pesados, ia de 3 a 5 anos, porque também compensava levá-lo à exaustão e, quando não servisse mais ou morresse, trocá-lo por uma "peça" nova, recém-chegada da África. E levá-la à exaustão novamente, usando a força e a violência, como nos conta outro brasileiro, escravo contemporâneo:

Seis meses atrás, nós estávamos todos trabalhando nesse campo, mas tínhamos um "gato" diferente. Esse homem era muito mau. [...] Quando chegamos aqui, vindos de Minas Gerais, ele nos ensinou a fazer o trabalho batendo na gente. Estávamos morrendo de medo para dizer qualquer coisa, pois estava claro que ele faria o que quisesse conosco. Bem cedo percebemos que ele não ia nos pagar. Quando pedíamos dinheiro, ele nos batia. Alguns dos meus amigos da Bahia fugiram, mas o "gato" caçou-os com cachorros e conseguiu pegá-los. Ele os trouxe de volta na ponta da arma e bateu neles na frente de todos nós. Ele mantinha os cachorros à nossa volta a noite toda, e eles latiam se alguém tentasse fugir.

No dia 22 de maio de 2012, houve uma nova tentativa de votação da PEC 438, e nós, homens e mulheres de boa vontade, precisamos dizer aos nossos deputados que sabemos, sim, que para nós está bem claro o que é trabalho escravo e que, com ele, o Brasil pode até avançar, mas à custa de um passado que deveria conhecer e condenar. A aprovação da PEC 438 é um passo importante no combate à escravidão, para que possamos, finalmente, fazer valer o artigo final dos "Estatutos" de Thiago de Mello:

Artigo final

Fica proibido o uso da palavra liberdade, a qual será suprimida dos dicionários e do pântano enganoso das bocas. A partir desse instante, a liberdade será algo vivo e transparente, como um fogo ou um rio, ou como a semente do trigo, e a sua morada será sempre o coração do homem.

Este livro foi impresso nas oficinas da
Distribuidora Record de Serviços de Imprensa S.A.
Rua Argentina, 171 – Rio de Janeiro, RJ
para a Editora José Olympio Ltda.
em agosto de 2012

*

80° aniversário desta Casa de livros, fundada em 29.11.1931